インキュベータとSOHO

地域と市民の新しい事業創造

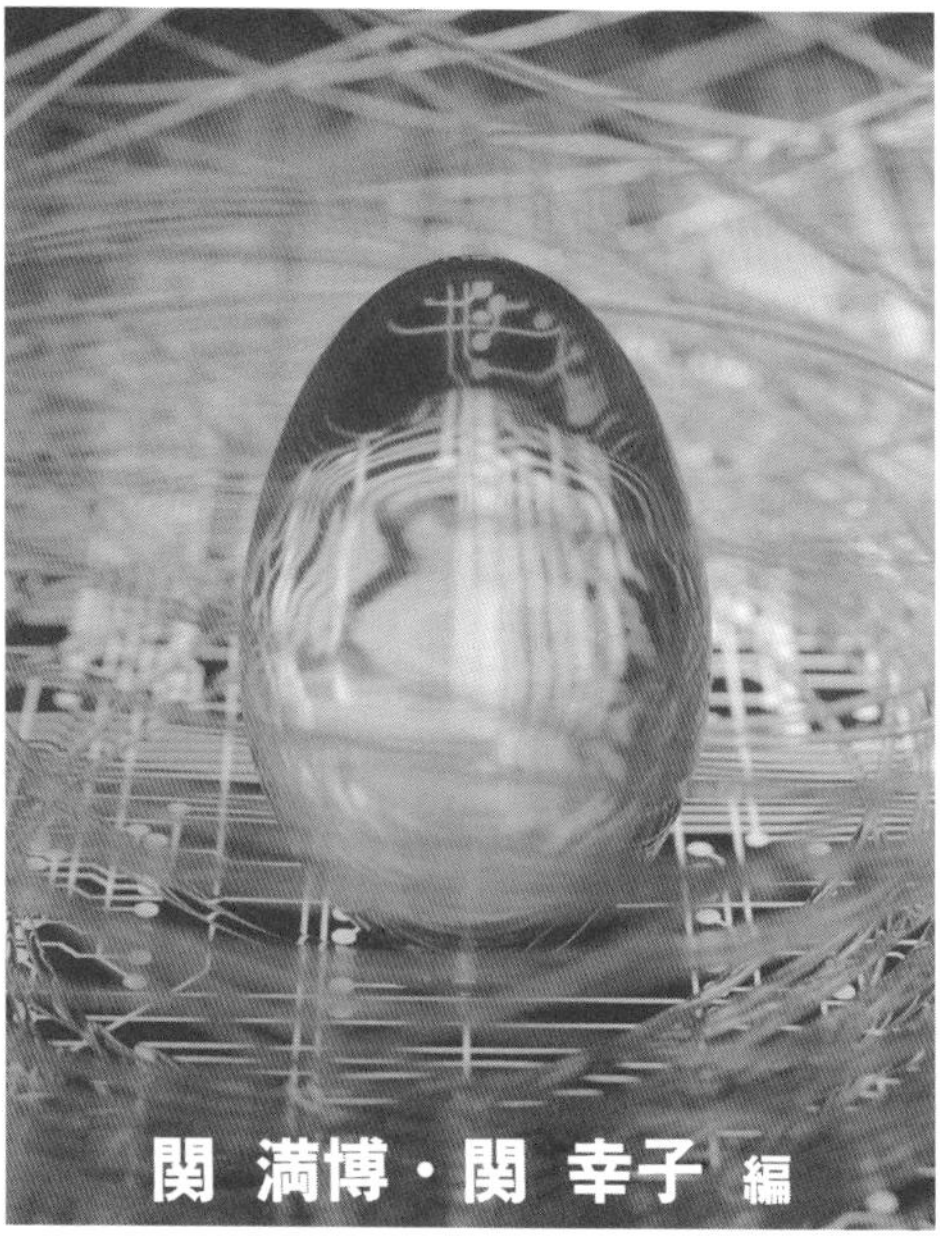

関 満博・関 幸子 編

新評論

はじめに

『工業統計調査』(二〇〇三年)の速報によると(二〇〇四年九月)、一九八三年には約一〇万を数えていた東京の工場数はついに半分の五万を割り込み、二〇〇三年には四万九五七〇工場となった。この二〇年でほぼ半数になってしまった。二〇〇〇年は六万〇二一七工場であったことからすると、この三年で一万以上の工場が減ったことになる。減少のスピードはさらに加速しているかのようである。七〇年代から八〇年代にかけて東京の中小工場を研究のメインにしていた身からすると、深い感慨を覚えざるをえない。一つの時代は終わり、その行く末もみえない。

この二〇年、事態がそうした方向に動く中で、政策のサイドでは「新規創業の促進」をうたってきた。廃業する企業が多く、新規創業が進まないならば経済社会は停滞するという認識のようであった。以来、各地では新規創業のための多くの取り組みが重ねられてきた。新規創業のためのセミナーの開催、資金的な支援、株式会社設立の際の資本金の制限の緩和、インキュベーション施設(インキュベータ＝孵卵器)の展開、産学官連携の推進などが各地で模索されている。だが、そのような必死の取り組みにもかかわらず、企業数の減少をカバーすることはできていない。このあたりは、日本の産業社会の質が大きく変わってきたことを示しているようにもみえる。

他方、九〇年代の後半の頃から、SOHO《ソーホー》(Small Office, Home Office)なる概念に深い関心が寄せられていくようになる。それは従来型の産業社会のあり方に対し、新たな意味を付け加えるものでもあった。豊かな成熟社会、少子高齢社会などにおける生き方、働き方に新たな可能性を提示してきたのである。

詳細は本書を通じて議論していくが、インキュベータをめぐる議論と、SOHOをめぐる議論は、当然、立脚点は異なる。前者は産業社会の活性化のために新規創業を促そうというものであり、ベンチャー企業の育成を主たる課題にしている。この点、後者は成熟社会の生き方、働き方にかかわるものであり、ベンチャー企業の育成、その急成長を必ずしも意識しているわけではない。むしろ、そうした激しいあり方を拒否している様子も観察される。成熟社会を支える穏やかな「新たな自営業者」「自立的な個人営業」といったところが目指されているところなのかもしれない。

そうした意味では、インキュベータとSOHOを同列に並べて議論することは難しい。それにもかかわらず、本書が『インキュベータとSOHO』という表題でこの問題を取り上げようとするのは、いずれも、これからの地域の産業社会に重大な影響を及ぼすと考えているからにほかならない。

いうまでもなく、私たちが考えている地域とは「人の姿の見える地域」であり、ここが「自分の街」と思える空間的な範囲を指している。一つの市町村か、あるいは複数の市町村程度の範囲である。平成の大合併が推進されている中で、現在、市町村の数は劇的に減少している。そして、それら市町村の多くにインキュベータ、SOHOなどが設置されている。全国のインキュベータの数は約三〇〇とも六〇〇ともいわれ、SOHOの施設もそれに近いものと推定される。「人の姿の見える地域」において、インキュベータ、SOHOは実は多くの関心を寄せられるものになっているのである。それは市町村合併以降の時代の「地域」にとって、新たな希望を与えているのかもしれない。新たな「地域」の活性化の拠点として、また、「地域」の人々の新たな生き方、働き方を指し示すロールモデルとして、人々の視線を惹きつけていくことは間違いない。地域と市民の新たな事業創造を目指しているのであろう。

このように、その活性化の拠点を期待されるインキュベータと、人々の新たな生き方、働き方を示すSOHOは、「地域」を媒介項にするならば一つの平面で議論していくことも可能になろう。事実、SOHOの先進的な取り組みをみせている東京の三鷹市では「全体としては市民の自立を意識し、新たな生き方、働き方を支援していくが、それらの中から地域を牽引し、さらに世界に飛躍するベンチャー企業が登場してくることを期待する」（河村孝・三鷹市助役）などが語られているのである。

インキュベータの概念が日本で語られ始めてそろそろ二〇年、SOHOは一〇年ほどではないかと思う。すでに全国の各地で多様な取り組みが積み重ねられてきた。日本の産業社会が大きく変質していくこの時に、インキュベータやSOHOのこれまでの取り組み、今後の期待を語ることはそれなりの意味があるのではないかと思う。そのような意識で本書を編むことにした。

なお、本書は「地域産業振興」を目指している私たちにとって、第二六冊目の報告となった。特に、産業支援施設に関連するものとしては、第四号の『中小企業と地域インキュベータ』（関満博・吉田敬一編、一九九三年）、第八号の『地域振興と産業支援施設』（関満博・山田伸顯編、一九九七年）、第一二号の『サイエンスパークと地域産業』（関満博・大野二朗編、一九九九年）、第一八号の『地域産業支援施設の新時代』（関満博・三谷陽造編、二〇〇一年）に次ぐ第五冊目の報告になった。事前に全国のケースを検討してみたが、各地には地域の人々の「思い」のこもった施設が多方面にわたって展開されていることを深く感じさせられた。それらの中から、本書では九つのケースを取り上げた。地域的なバランス、大都市と地方都市、公営的なものと民営的なもの。また、視点も、インキュベータやSOHOの内部的なものから、外部環境を重視するもの、さらに、施設等の運営、ファィナンスの問題まで拡げてみた。

対象の幅が広く、やや散漫になっている部分もあるが、インキュベータとSOHOをめぐって議論しておくべきことのかなりの部分はカバーできたのではないかと思っている。唯一欠落しているのは、特にSOHOワーカーの内面的な事情の分析である。これは形を変えて本格的に取り組むべきテーマと考えている。今後の皆様のご指導をいただければ幸いである。

また、今回も多くのケースを取り上げるにあたり、関係する方々から多大な協力をいただいた。十分な内容になっているかは心苦しいが、今後も深くお付き合いさせていただくことでご容赦いただければ幸いである。最後に本書の編集の労をとっていただいた新評論の山田洋氏、吉住亜矢氏に深く感謝を申し上げたい。

二〇〇五年四月

関　満博
関　幸子

インキュベータとＳＯＨＯ――地域と市民の新しい事業創造／目次

序章　インキュベータ、ＳＯＨＯとは何か

ほぼ二〇年前の一九八〇年代の中頃から、日本の地域産業振興の現場で「インキュベータ（孵卵器）」という言葉が使い始められてきた。当然、欧米から輸入された言葉であった。欧米では七〇年代の頃から、新規創業支援のための施設としてインキュベータが模索されていた。新規創業企業が大量に登場しなければ経済社会が停滞するとの危機感によるものとされた。この点、日本の場合は戦後期、高度成長期を通じて新規の独立創業が活発であり、新規創業に特別の支援の措置をとろうという考え方は出て来なかった。そうした意味で、インキュベータという考え方が受け入れられ始めたのは、日本産業が大転換期に踏み込んだ八〇年代中頃以降ということになる。事実、八〇年代中頃をピークに日本の事業所数は減少局面に入っていった。

以来、特に地域経済の活性化の一つの起点としてインキュベータが注目され、各地で多くの取り組みが重ねられてきた。

また、成熟社会の到来、ＩＴ化の進展に伴い、従来型の就業形態の変化が予測され、在宅型、あるいは新たな自営業者が登場してきた、九〇年代の中頃からは「ＳＯＨＯ（スモールオフィス、ホームオフィス）」という概念も注目されてくる。本来、このＳＯＨＯについては個人の生き方の選択の問題と思われるのだが、新たな地域社会形成の興味深いものとしても注目され、ＳＯＨＯ支援施設なども広く

展開されるようになってきた。そこには、支援施設で活躍するSOHO事業者を支援し光を当てることにより、近未来型の働き方、事業形態を広めていこうとの期待が込められている。

このようにインキュベータとSOHOは立脚点は微妙に異なるものなのだが、地域の活性化、新たな事業形態、そして、自治体などからの支援などという点では共通に議論されるべきところが少なくない。そうした点を意識し、『インキュベータとSOHO』と題する本書では、全国の各地で取り組まれているインキュベータとSOHOに注目し、その現状と課題を見ることを通じ、これからのあり方を考えていくことにしたい。

1　インキュベータとSOHO

インキュベータとは何か

日本でインキュベータが注目され始めたのは、一九八三年四月のテクノポリス法（高度技術工業集積地域開発促進法）に関連して用意された八六年の民活法（民間事業者の能力の活用による特定施設の整備の促進に関する臨時措置法）以来のこととされている。この民活法の中でリサーチコアという概念が提示された。それは開放型試験研究施設、人材育成施設、交流施設、研究開発型企業育成支援施設（ベンチャー・ビジネス・インキュベータ）等の施設から構成されるものであった[1]。おそらくインキュベータという言葉が関係者の間で注目され始めたのは、この時からであった。そして、民活法の理念を受けてリサーチコア事業に本格的に踏み出したのは、本書第一章の神奈川サイエンスパーク（KSP）ではなかったかと思う。以後、テクノポリス指定地域ばかりでなく、全国の各県などでは産業支援施設の建設が相次ぎ、その中には民活法がイメージしたインキュベーション施設がほぼ必ず設置されるほどのものになっている。その意味するところと歩みは第一章で詳細に検討されるであろう。

ただし、日本におけるインキュベータの設置は八二年に設置された「システムハウスセンター神戸」、及び、八三年に設置された京都市の「マイコンテクノＨＯＵＳＥ／京都」に遡るであろう。(2) 特に、京都のケースは六三年に建設されていた京都の久世工業団地の旧従業員宿舎を改装して提供されたものであり、その後のインキュベータに重大な影響を与えていく。四階建、一ユニット一〇坪ほどで三八ユニットを提供するものであった。この先駆的な事業は京都市の戦略産業としてシステムハウスに注目し、その育成を図ろうとしたものであった。民活法のリサーチコア事業もこの京都のマイコンテクノＨＯＵＳＥに大きく影響されるものでもあった。そして、このあたりからインキュベータは地域産業振興をテーマとする研究者、実務家の間で注目され始め、八九年には日本インキュベーション研究会による『インキュベータ』(3) という題名の書籍も発刊されていくのである。

また、日本のインキュベータに重大な影響を与えたものとしては、八六年にスタートした富山市の「富山ハイテクミニ企業団地」が指摘されるであろう。(4) この富山のケースは富山商工会議所の発案によって開始されたものであり、「ハイテク」の名称がついているものの、それにこだわらず在来型の金属加工業などをも視野に入れる幅の広いものであった。独立創業者が多数いなければ地域産業は停滞するとの「思い」からスタートしたのであった。この富山のケースはその後、全国の各地のインキュベータに重大な影響を与えていく。本書の第九章の花巻起業化支援センター、あるいは島根県斐川町の企業化支援センター[5]などに影響を与えていくものとして注目される。

もう一つ、初期の頃の重要なケースは本書第二章で取り上げる大阪の「島屋ビジネス・インキュベータ（SBI）」であろう。八〇年代に入って大阪経済の陰りが濃くなり、次世代産業の育成が焦眉の課題になっていった。八七年には「大阪市における都市型次世代型企業育成方策に関する調査」が行われ、アメリカのシリコンバレーに強く刺激されながら、世界の先進ケースを研究し、公的セクターに民間セクターの活力を取り入れた第三セクター方式のインキュベータを九〇年にスタートさせている。詳細は本書第二章で検討するが、このSBIのケースは、地域自治体の関連するインキュベータとして全国に多くの影響を与えるものであった。

このように、日本のインキュベータは八三年の京都の「マイコンテクノHOUSE」を皮切りに、日本型インキュベータというべき「富山ハイテクミニ企業団地」、そして、自治体と民間が共同で運営する「SBI」などを源流として、その後大きな拡がりを見せていくのであった。現在、日本の中には三〇〇とも六〇〇カ所ともいわれるインキュベータが設立されている。自治体などの公共主導型、半官半民型、さらには民間主導型まで様々であり、多くの試行錯誤を重ねているのである。

SOHOとは何か

SOHOという言葉は九〇年代の中頃にアメリカから輸入されてきたものだとされている。当時はインターネットが普及し始めた頃でもあり、SOHOとは「ITを活用して事業活動を行う、従業員数十名以下程度の事業者[6]」などとされていたのだが、その後、言葉が一人歩きし、一方では女性の家庭内職から、他方では上場を目指すベンチャー創業者などもSOHOの概念に含まれている。そのため、SOHOの概念は非常に広範になり、使う人により意味するところは大きく異なるものになっているのである。

こうした点を憂慮し、混乱するSOHO論議に一石を投じたのが花田啓一氏であろう。(7) 花田氏はSOHOの本質は「身の丈」であると論断し、「『自分流』ということである。己の価値観によって、その人生を設計し、働き方を決める。雇われたくない、そして、雇いたくもない、そのとき、『個人で』仕事を進める選択肢を取る。それがSOHOである」と定義している。さらに「『生き甲斐』『働き甲斐』を重視し、快適に、楽しく、たおやかに、ときには趣味の延長で仕事をし、家族との時間を大切にし、まさしく『好きなように』働く」とし、「事業を始めたからといって必ずしも拡大を目指すわけではないビジネス手法」としている。

SOHOの本質はほぼこのようなところにあろう。このようなSOHOは花田氏が指摘するようにフリーランスという言葉で象徴されるように、かつての時代にもあった。ただし、必死に働いて生きなければならなかった一つ前の時代と異なり、現在は個人が自立して生きていくための環境は大幅に改善されている。多くの人々が新たな生き方、働き方を模索することが可能になっている。インターネットの普及はそれに拍車をかけるものでもあろう。

そして、このような自立した個人が「地域」に深く浸透していくならば、地域産業振興の世界も新たなものに変わっていかなくてはならない。かつてのように巨大企業の誘致に血道を上げるなどではなく、新たな自営業者ともいうべきSOHO事業者に深い関心を寄せ、自立的な地域経済社会を構想していくことが必要になってこよう。かつての地域産業振興の目指すところは、雇用の確保、税収の拡大等であった。もちろん、新たな時代においてもその必要性は少なくない。ただし、成熟した少子高齢社会を迎えるべきいま、「地域」に落ち着く人々が「生き甲斐」と「働き甲斐」を求めて自立的な経済活動を営んでいくことの必要性は大きい。そうした文脈の中で、新たな社会現象としてのＳＯＨＯを見ていく必要があるのではないかと思う。

おそらく次の時代の「地域産業」の世界では、一方に「世界に羽ばたき、地元にエネルギーをもたらそうとするベンチャー企業の育成」があり、他方に「個人が自立し、地域に深く貢献しながら落ち着いた『地域』を作り上げていく新たな自営業者」があり、そして、その中間に多様な存在が拡がるということが望ましいのではないかと思う。ＳＯＨＯの概念が注目され始めてまだ十年ほど、これからもさらに多様な試行錯誤を重ねながら、地域と産業の新たな担い手として豊かなものに進化していくことが望まれる。

2　本書の構成

以上のような問題の構図の中にある「インキュベータ」と「ＳＯＨＯ」を主題に、本書は具体的なケースを取り上げながら多様な議論を重ねていくことにする。インキュベータの概念が日本に上陸しておよそ二〇年、ＳＯＨＯは一〇年ほどであろう。これら二つの言葉は地域産業振興の現場の人々に大きな勇気を与えるものであった。それぞれの地域で多様な取り組みが重ねられてきた。それらの中から、本書では地域的な拡がり、目指すところの多様性に注目し、全体を一〇章で構成してみた。ここでは、本書全体の序章として、以下の各章で議論される方向を素描しておくことにしたい。

「インキュベータの壮大な実験」と題する第一章は、世界最大級の都市型サイエンスパークとされる神奈川県川崎市の「神奈川サイエンスパーク（ＫＳＰ）」を取り上げる。八九年にスタートしたＫＳＰには、本格的なインキュベーション施設に加え、技術・研究開発支援施設、資金的な支援なども用意されていた。おそらく、京都リサーチパーク（ＫＲＰ）[8]と共に、日本のインキュベータを議論していく場合の本丸ともいうべきものである。高らかな理念をベースに船出したＫＳＰは多くの経験を重ねながら、その後、着実に成果を上げげつつある。本章ではその足跡を振り返り、日本のインキュベータの今後のあり方に一石を投じていく。

第二章の「ビジネス・インキュベータの老舗」は、大阪市経済の停滞を突破しようとして構想されたものであり、わが国の本格的ビジネス・インキュベータの老舗として知られている「島屋ビジネス・インキュベータ」に光を当てる。このインキュベータは大阪の産学官の総力を結集するものであり、すでに具体的な成果が現れている。全国の自治体が推進するインキュベーション事業のモデルケースとして、その経験の重要性は高い。

第三章の「『中小企業のまちすみだ』の創業支援」は、全国の区市町村といった基礎自治体の中で最も早くから地域産業政策を意識し、実践してきた東京都墨田区のインキュベーション事業に注目していく。墨田区には公設の国際ファッションセンターのインキュベーション施設に加え、遊休施設を利用したインキュベータが幾つも存在している。さらに、早稲田大学との包括的提携により、産学官連携型のインキュベーション施設も展開している。具体的な成果は少しずつ生まれているという段階だが、基礎自治体でもここまで出来るとの一つの先駆的なケースとして注目すべきであろう。

第四章の「『コラボほっかいどう』の試み」は、やや視点を変え、より広い範囲で地域の新たな産業クラスターを形成しようとする試みを取り上げる。北海道は日本の約四分の一の面積、さらに北欧のデンマーク、フィンランド並の人口規模を抱えている。だが、これまで公共事業依存型の経済に終始してきたために、自立的な産業基盤が形成されていない。「コラボほっかいどう」はこの点を突くものであり、新規創業支援を含め北海道の多様な経営資源を結集して、新たな産業クラスターを形成しようというものである。この「コラボほっかいどう」の取り組みは、より空間的に広い範囲で新たな産業化を進めていくものとして注目されるであろう。

第五章の「民間型ＳＯＨＯビルの展開」は、東京都心の新宿初台に設置されている民間のＳＯＨＯビルに注目していく。このビルは都心立地であることに加え、秘書サービス機能等も充実しており、個人事業者にとって優れたサービスを提供するものとして注目されている。現在、このような都心のサービス機能の充実したＳＯＨＯビルへの関心は高まり、不動産業者の新たな事業として、今後、増加していくことが予想される。本章で検討する初台センタービルの経験は、多様化し、増加しつつある個人事業者を支えていく興味深いものになっていくことが期待される。

第六章の「地方都市のＳＯＨＯ展開」は、富山県のＳＯＨＯ事業の現状と課題を検討する。インターネットの普及などにより、近年、地方都市でもＳＯＨＯ事業者が着実に増加してきている。本章では地方の一つの典型として富山県を取り上げ、地方型ＳＯＨＯの現状と直面する課題というべきものを検討していく。著者自身、富山県高岡市に拠点を置くＳＯＨＯ事業者であり、ご自分の経験と周囲のＳＯＨＯ事業者の直面する問題を指摘していく。

第七章の「『ＳＯＨＯ　ＣＩＴＹみたか構想』六年の軌跡」は、街づくりの中軸にＳＯＨＯを据え、興味深い取り組みを重ねている東京都三鷹市を取り上げていく。戦後、東京郊外の良質な住宅都市としての道を歩んできた三鷹は、少子高齢化、地域の自立といった課題に向けて独自な地域産業振興策を検討してきた。その過程で小規模なニュービジネス、あるいは新たな自営業者に注目し、全市をあげて「ＳＯＨＯシティ」としていくことをイメージしていく。本章ではその六年の歩みを振り返ることにより、次のステージに踏み込むことを目指している。

第八章で取り扱う「長崎県の東京産業支援センター」は、東京出張者のための宿泊施設が歴史的使命を終えたことから、その再利用として県内企業の東京営業拠点を提供しようとしたものである。離島の多い長崎では通信系のＩＴベンチャーや、建設業などからニュービジネスに転じている中小企業が少なくない。それらの蓄積を東京市場に導くものとして施設が運営されている。地方の事業を全国に広め、新たな可能性をつかもうとする事業として注目されるであろう。

第九章の「インキュベータの運営ノウハウ」は岩手県花巻市の「起業化支援センター」を取り上げていく。このセンターは全国の中でも最も実績の上がっているインキュベーション施設とされている。インキュベータは箱物を作れば良いというものではなく、優れたマネージャーによる運営が最大のポイントとなる。この章では全国で最も注目されるインキュベーション・マネージャー（ＩＭ）である花巻市起業化支援センターの佐藤利雄氏自身に、運営のあり方について語ってもらう。

第一〇章の「ベンチャーファイナンスの課題」は、これまでの議論と異なり、特定の地域のインキュベータを対象とするのではなく、地域におけるベンチャー企業育成のためのファイナンスの問題を検討していく。日本のベンチャー企業をめぐる動きも相当な蓄積を重ねてきたのであり、新たな地域産業社会を形成していくために、企業活動を側面で支えるファイナンスの問題はいっそう重要なものとなっているのである。

以上のように、本書はインキュベータ、ＳＯＨＯをめぐっての幅の広い議論を重ねるものである。ケースとして全国の九つを取り上げ、その具体的な姿の中から今後の課題というべきものを抽出していく。全国の各地には興味深い取り組みが数多く積み重ねられている。当然、本書ではそれらの全てを受け止めることは出来ていない。重要な論点を取り逃がしているであろう。今後、全国の地域で活動されている皆様からのご指導をいただきながら、日本の地域産業が豊かなものになっていくためのあり方を考え続けていきたい。

（1）テクノポリス法、民活法等に関する包括的な研究としては、伊東維年『テクノポリス政策の研究』日本評論社、一九九八年、がある。
（2）マイコンテクノＨＯＵＳＥ／京都の概要については、関満博『地域産業の開発プロジェクト』新評論、一九九〇年、を参照されたい。
（3）日本インキュベーション研究会編『インキュベータ』日刊工業新聞社、一九八九年。
（4）金井亮「企業創出の試み——富山市ハイテク・ミニ企業団地——」（関満博・山田伸顯編『地域振興と産

業支援施設』新評論、一九九七年）を参照されたい。

（5）関満博「企業誘致と企業化支援の幅広い展開――島根県斐川町――」（関満博・横山照康編『地方小都市の産業振興戦略』新評論、二〇〇四年）を参照されたい。

（6）「ITとネットワークが可能性を拡げる」（『日本経済新聞』二〇〇五年二月一〇日）。

（7）花田啓一『SOHO新時代が始まった』岩波アクティブ新書、二〇〇二年。

（8）明石芳彦「京都リサーチパーク」（関満博・大野二朗編『サイエンスパークと地域産業』新評論、一九九九年）。

第一章　インキュベータの壮大な実験
――神奈川／KSP

神奈川サイエンスパーク（KSP）は一九八六年一二月、民活法第一号施設（リサーチコア）として通産大臣の全国第一号の計画認定を受け、八九年一二月オープンしたわが国最初の都市型サイエンスパーク（SP）である。建設の背景としては、当時の長洲一二・神奈川県知事が七八年提唱した「頭脳センター構想（県の産業構造を製造業中心から研究開発中心の知識・技術集約型へと転換し、神奈川を日本と世界の技術開発のメッカにしようとする構想）」がある。以後、神奈川県ではこの構想実現のため、全国に先駆け各種の産業政策、科学技術政策を推進するが、KSPはその戦略的、中核的プロジェクトとして位置づけられた。また、知事は当時勃興しつつあった米国西海岸（シリコンバレー）、東海岸（ルート一二八ビジネス）の研究開発型企業に注目し、県内ベンチャー企業の組織化、支援を推進した。

この中で生まれた神奈川県研究開発型企業連絡会議（RADOC）が八四年六月、全国のベンチャー企業に呼びかけ、「研究開発型企業全国交流大会」を開催し、「SP建設促進」を決議する。同時に、川崎市においても推進していた「メカトロポリス構想」や工場跡地利用による新しいまちづくりのモデル事業としてもSP建設のねらいは一致し、以後、KSPプロジェクトは神奈川県と川崎市の共同作業、また官民一体の事業として推進される。

県市及び民間企業二三社は、八九年九月、一〇〇人に及ぶ研究者、専門家からなる「KSP構想調査研究会（委員長、中村秀一郎専修大学教授〔当時〕）を設置、欧米の先進SPの調査や研究開発型企業八千社のアンケート調査を行う。[1]研究会の報告書は「SPは独創的かつ創造的な『知』の形態を産み出す『場』とされ、新しい産業の創出、新しい価値観を持った人間の創出、それらを取り巻く新しい風土の醸成等々」の高い理念を謳った。以来、KSPの基本コンセプトは、「研究開発型企業が生まれ、育ち、集い＝交流する拠点」であるが、その目指す所は、「二一世紀の日本を担う企業・人間の創出、育成であり、起業家精神に富む風土の醸成」と言う、志の高いものであった。

1 KSPの概要

KSPは、川崎市溝の口の工作機械メーカー池貝鉄工の跡地に建設された。敷地面積は五万五〇〇〇m²、建物延床面積一四万六〇〇〇m²の大規模な施設である。建物は、研究開発型企業の支援施設であるイノベーションセンター西棟及び東棟、民間の研究所を対象としたテナントビルであるR&Dビジネスパークの三棟より構成される。館内には、研究所、創業企業向け育成支援施設（インキュベータ）を中心に研究室、測定実験室、ホール、ギャラリー、会議室、研修室、ホテル、郵便局、銀行（現在はATM）、常設展示場（現在はシェアードオフィス）、商店街等の各種業務支援施設、交流施設及び生活利便施設が完備されている。二〇〇四年末現在の入居企業は一四〇社、その従事者は四三〇〇人を超える。

総事業費は約六五〇億円で、当時としては巨額であるが、うち全体計画の認定を受けた㈱ケイエスピーの投資額は約一一〇億円。所有は五社で持分所有しており、㈱ケイエスピーの持分は一九・三%にすぎない。運営の特徴は、オーナー五社による「管理運営協議会」のほか、入退居管理及び施設管理を行う㈱ケイエスピーコミュニティ、ホテル運営の㈱ホテルケイエスピー及び地域冷暖房を担うケイエスピー熱供給㈱の三社により、運営されている事である。

KSPモデル、支援三機関の成果

民活法認定による特定施設の運営は、金融、税制上の特典を受けられた反面、事業の制約も大きかった。このため事業のうち採算に乗りにくい研究ラボ、計測ラボの運営は、神奈川県主導の公益法人として運営することとなり、設立されたのが、㈶神奈川高度技術支援財団(KTF)及び㈶神奈川科学技術アカデミー(KAST)であった。両機関は、元々、頭脳センター構想の中で設立を検討していたものであり、KSP構想の一翼として取り込まれた。

この結果として、KSPの支援事業は中核の㈱ケイエスピーがインキュベート事業を中心に交流事業、施設事業を担い(以下、KSPインキュベート事業、KSPインキュベータと呼ぶ)、KTFは「KSPの測定ラボ」として、技術市場サービス事業、試験計測事業を担い、KASTは、「KSPの研究開発ラボ」として研究事業、技術者教育事業等を担うことになる。このように三機関が機能分担をしながら相乗効果を発揮する—「KASTがシーズを産み、㈱ケイエスピーがインキュベートし、KTFが技術支援する。」—この連携モデルは「KSPモデル」と呼ばれる(図1—1)。このモデルは、韓国テクノパークを中心に、中国、台湾のSP建設に当たって、成功モデルとして注目された。

図1―1　KSP 中核3機関のネットワーク（KSP モデル）

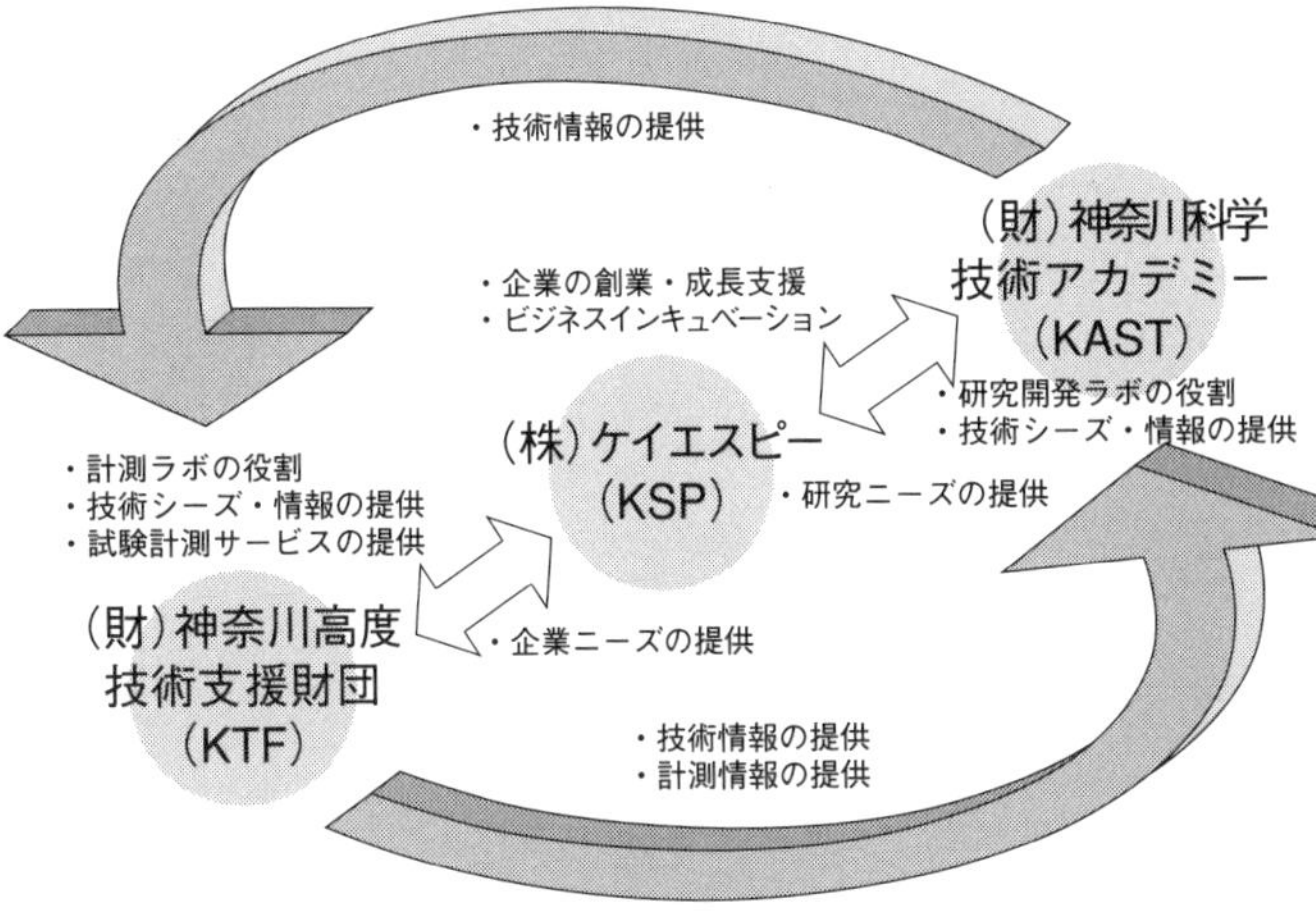

ＫＳＰオープン以来一五年、中核三機関はそれぞれ多くの実績あげ、評価は定着しつつある。ＫＴＦは、技術市場事業として特許相談、情報提供サービスのほか、技術移転活動に注力し、四二三件（二〇〇四年三月末実績）の成約実績をあげている。また地域研究開発促進拠点支援事業として、県内大学のＴＬＯ的役割を果たすと共に、理工系一四大学と連携し、研究成果の実用化に向けた育成試験五八件の実績をあげている。試験計測事業は、表面分析、材料微量分析を中心に利用企業五千社、利用件数三万三〇〇〇件超の実績をあげ、神奈川県内はもとより全国の企業から高く評価されている。また、これらはＫＳＰインキュベータのインフラとしての寄与も大きい。

ＫＡＳＴは、研究開発事業としてわが国初の試み「流動研究プロジェクト（研究期間を限定し、若手研究リーダーを公募する制度）」を中心に二〇〇億円を超える研究費を投入し、先端技術分野のシーズ開発を行う。これまでの実績（二〇〇四年九月末）は、三三プロジェクト。その成果として国内外六三五件の特許出願をし、一一九件の特許実施許諾を行い実用化の面でも高く評価されている。技術者教育事業は、大学院レベルの高度な内容で四日～一〇日の座学及び一部実験も含む研修を行い、受講生は八五三五人に達する。このように三機関はそれぞれ多くの成果をあげているものの、当初のKSPモデルが目指す三機関連携による「二一世紀日本を担うハイテクベンチャーの創出」の面では不十分で、現在KSPモデル再構築の取り組みも開始されている。

2　KSPインキュベート事業の沿革

㈱ケイエスピーによるインキュベート事業は、わが国におけるインキュベータの先駆としての期待を担い、八七年一〇月、池貝鉄工の旧建物を利用するところから開始された。以来、試行錯誤を繰り返し現在に至るが、その変遷を三期に分け概観する。

第一期インキュベート――重厚支援から段階的支援へ（一九八七年～九六年）

当初、実施したのが「インキュベートA」事業。個人を対象に三年間の期限で部屋を提供し、社長の給料以外の室料、光熱費、人件費、開発費等の全てを㈱ケイエスピーが事業開発委託費として負担した。これらの資金は神奈川県からの無利子の制度融資一三億円を充当してきた。投入資金は、対象者が法人化し事業の成果が出た段階で、成果使用料として回収する。資金提供、経営支援のほか、里親制度（起業をバックアップする中堅企業の選任）、イノキュレート（他者の知財を利用しての創業）といったユニークな試みもされた。入居審査も厳重に行われたが、これら厳重審査、重厚支援にもかかわらず、期待した成果があげられていない。その後は、支援を一億円以内とし、融資も取り入れるほか、対象企業も拡大し五件の支援を行っている。この結果、融資金は回収し、成長する企業も出てくるが、総じて所期の成果はあげられず、〝試行〟としてのインキュベートA事業は、一二件で休止している。

これら試行の損失は大きく、㈱ケイエスピーの累積損失最大時七億円弱のほとんどがこれに起因した。この事業の総括は種々ある。技術評価偏重、事業評価の不足、審査体制の不備等であるが、原因の特定は難しい。しかし、技術開発から始めて、事業に立ち上げていく事の困難さを味わうと共に、試行の中で多くの学習をした(2)。

インキュベートAを総括し、力点を移したのが「インキュベートB（スタートアップ支援）事業」である。この事業は、KSPオープンと同時に開始した。スタートアップルーム（三七及び七五㎡の独立した部屋）を五年間、低価格、敷金無しで貸与し、経営・技術支援等を行う。インキュベートAが事業開始前にその事業の可能性を評価し、開発資金を援助するのに対し、インキュベートBは創業・開発資金は自前で調達させ、その後の事業進展や、市場での評価を見ながら必要な支援を行う。一部企業には、融資、投資等の資金支援も行う。従来の「重厚支援」に対して、「段階的支援」への転換であった。

スタートアップ支援を行う中で、九四年一二月、常設展示場の一部をパーティションで間仕切りしたシェアードオフィスを開設する。一二〜二三㎡の小部屋で、貸与期間も一年とし、入居審査もより簡易とした。この狙いは、従来のスタートアップルームの賃料が創業企業にとって負担となっている事、また創業の実験、経営トレーニングの場と位置づけた事による。この試みは成果をあげ、入居希望も多いことから、徐々に増設を行い、現在では二八室にまで拡大。この結果、成長に従い、より大きな部屋に移動するKSPインキュベータの基本パターンが完成し、成長に応じた各種の支援も行われるようになった。

第二期インキュベート――創業支援から成長支援へ（一九九七年～二〇〇四年五月）

㈱ケイエスピーの九五年度の決算は、不動産バブル崩壊の波を受け、四期連続の黒字基調から一転し、大幅な赤字を記録した。賃料収入で固定費を賄うという当初システムの崩壊の中で、一〇周年を期し「第二の創業」を旗印に、全社あげての社内体制再構築を行う。人員削減、年俸制導入、グループ制導入、そして新規事業開始等であった。その基本は「コスト・事業採算を意識した事業の取り組み」である(3)。

インキュベート事業の検討も行われる。インキュベートAの赤字流失は止ったものの、元来リスキーな創業支援でどう採算を取るかであった。この結果実施されたのが成長支援事業である。九七年一月、出資金八億円を集め「KSP一号投資事業組合（一号組合）」が設立され、本格的にスタートした。創業支援の次段階の支援であり、具体的には創業企業で成長が見込まれる企業に対し、株式投資、社債引受け及び資本政策立案等の公開に至る経営支援である。支援対象も入居企業外へと拡大された。

この背景は、一〇年のインキュベート支援の中で成長し公開を目指す企業が出現している事、及びこれまでKSPが築いてきたネットワークの中から寄せられる成長支援ニーズへの対応であった。事業開始のため人材の拡充も行ったが、短期間に立上げ出来たのは、第二の創業の中で制度化された「KSP

アソシエイツ（KSPのミッションに共鳴した二九人の外部のボランティア型の専門家）」の支援に依る所が大きい。

成長支援に加え、交流事業として実施していた教育事業を、起業家育成の観点からインキュベート事業に取り込む。この結果、第二期インキュベート事業は、「創業支援」「成長支援」「起業家育成」の三本柱のトータル支援事業として確立されていく。

九九年四月には、ソフト支援を強化するため外部の企業と提携し有償のサービスを行う「ビジネスサポートセンター」を開設する。また「シェアードオフィス」「スタートアップルーム」の拡張に努めると共に、卒業企業のニーズに対応して、「ポストインキュベート事業」にも取り組む。二〇〇〇年には、KSPの全館は一〇〇％埋まり、インキュベータは七六社で満室となり、入居待機者は一〇社を越えた。

この様な情勢を受け、二〇〇一年一月川崎市から新川崎地区でKSPのブランチとしての「新産業創造センター計画」の提案がされる。検討の結果、神奈川県等の慎重意見が強く断念せざるをえず、最終的には市単独の事業として実施される。

第三期インキュベート——飛躍に向けての模索（二〇〇三年六月〜）

二〇〇三年六月、初の専従民間人社長が誕生する。新任の山田長満社長は、民間での創業支援経験を基に「ベンチャー創出一〇〇〇社構想」を掲げ、創出のための裾野拡大に注力する。二〇〇三年一二月、創業前支援策として、無料でスペースを提供し構想策定を支援する「KSP夢オフィス」を開設する。課題であったインキュベータのブランチ設置は、二〇〇四年一一月JFE都市開発㈱と提携し、川崎臨海部の「テクノハブイノベーション川崎（THINK）」の中核施設内に「KSP―Think」をオープンする。THINKは、川崎市が民間と協力し推進する「アジア起業家村構想（アジア諸国のベンチャーを誘致しての日本進出、交流の拠点を目指す構想）」の一翼を担い、アジア企業の入居や研究開発型企業以外にも門戸を開く予定。賃料もKSPの半値となっている。

二〇〇四年四月、課題の「KSP第二号投資事業有限責任組合（二号組合）」を、出資額六億一〇〇〇万円で立上げる。二〇〇三年九月には、KSPインキュベータ初の株式公開企業が実現し、二〇〇四年に入るとさらに二社が公開する。このうち、出資企業は二社で、キャピタルゲインも得る。さらにここ一～二年内に数社の公開が見込まれる。KSPの自立に向けた歩みが実現しようとしており、次の飛躍に向けた検討を始めている。

3　KSPインキュベート事業の現状

支援の基本方針

現在の支援メニューは、「創業支援」「成長支援」「企業家育成」の三本柱から成る。支援の基本方針としては、次の三点があげられる。

第一は、「単なる場所提供のインキュベータでなく、支援中心のハンズオン型（きめ細かい指導・育成）を目指す」ことである。わが国の多くのインキュベータがインキュベーション・マネージャー（IM）を置かない「場所貸し」と言われているのに対し、KSPインキュベータは七人のIMを中心に、施設・情報支援等のサポート人員を擁している。

第二は、「ファンドを有するインキュベータ」。創業支援のみでなく、企業家育成、公開までの成長支援というトータルな支援を行うインキュベータである。

第三は、「早期のサクセスストーリー実現を目指す」である。KSPの設立理念には「起業家精神に富む風土の醸成」を謳っているが、そのためには成功モデル（企業）を数多く輩出することだと思う。それがKSPのブランドイメージを高める道ともなる。

創業支援

KSPの創業支援の特長は、「企業の成長に応じたスペースの提供と支援」にある。標準的成長段階に従い説明する。

① **「KSP夢オフィス」**　最初のステージである。以前はKSPで創業を希望する人と個別に面談していたが、二〇〇三年一二月、シェアードオフィスの一室を利用し衝立でスペースを区切りオープンした。一年を期限に無償で使用させる。定員は一三人。担当IMが決められ、構想策定に協力。時には外部アドバイザーも相談にのる。入居者は創業前が条件で、主に夜間、休日に利用する。数カ月のリサーチ、ビジネスプランの検討を経て、自信が得られると創業に踏み出す。

② **「シェアードオフィス」**　創業後の最初のステージである。パーティションで間仕切りをした小スペース。現在、一二、一五、二〇、二五、三三、四三㎡等の部屋二八室がある。このねらいは、経営トレーニング、創業の試行である。以前は、八㎡の小さい部屋もあったが、統合、拡張した。基本的にK

表1―1　KSPインキュベータ入居条件

名称	シェアードオフィス	スタートアップルーム	KSP–Think
対象者	これから事業を開始しようとする個人、又は創業間もない法人	これから事業を開始しようとする個人、又は創業間もない法人（設立5年未満程度）	
物件	12 m^2~43 m^2 のパーテーションで仕切った小スペース	37 m^2～75 m^2 の独立した部屋（最大225 m^2）	33 m^2～108 m^2 の独立した部屋
利用期間	契約期間は1年とし、最長3年まで更新可能	契約期間は原則5年（最長、通算8年）	契約期間は2年、最長5年まで更新可能
敷金・保証金	不要	敷金不要・保証金1スパン（75 m^2）当り50万円（退去時の原状回復工事費用）	敷金不要・保証金は25万円～50万円（退去時の原状回復工事費用）
賃料	5,250円/月 m^2（使用料3,150円/月 m^2　共益費2,100円/月 m^2）	5,460円/月 m^2（使用料3,360円/月 m^2　共益費2,100円/月 m^2）	2,705円/月 m^2（共益費込み）契約は坪単価8,925円/月

SPインキュベータは、SOHO的個人事業を意図しておらず、成長を目標としている。入居期限は、原則一年で、最長三年。賃料その他の入居条件は、（表1―1）のとおり。

③**「スタートアップルーム」**　インキュベータの中心施設で、独立した部屋。当初は、三七及び七五m^2の二種類であったが、その後入居希望者の増加に対応し、他のオーナーの協力を得て、増設を繰り返す。現在では、三七、四五、五一、七五、九〇、九五、一五〇m^2等の部屋五六室がある。複数の部屋使用も認め、最大二二五m^2とする。入居条件は、（表1―1）のとおりで、敷金はないが、原状回復費用としての保証金を預かる。

④**「KSP―Think」**　KSP初のブランチとして、二〇〇四年一一月オープン。「KSP―Think」は、全て独立したスタートアップルーム仕様で、三三、四二、六五、八三、一〇八m^2等の部屋二九室がある。賃料等の入居条件は

（表1―1）のとおり。京浜臨海部に位置し、交通アクセスの点でKSPより若干劣る事から、半額程度になっている。KSPの賃料が高すぎるという批判に、対応する意味もある。前述の様に、「KSP―Think」はアジア起業家村構想の一環でもあり、対象業種は限定しない。募集開始の段階であり、運営面で未確定な点もあるが、ブランチ運営という今後のKSPインキュベータ拡大戦略の試金石ともなる事業で、注目される。

⑤ **創業支援の内容**　以上のような各ステージの入居企業に対し、担当IMが決められる。担当者は、ステージが変わっても一貫してその企業の世話をする。IMは入居者の成長段階、状況に応じた支援を行う必要があり、その真価が問われる。対応出来ない事項は、後述の「ビジネスサポートセンター」に登録された外部の提携企業を活用する。この場合は有償支援となるが、神奈川県からの委託事業として無償で行う場合もある。「KSPアソシエイツ」の協力による支援も行われる。その他、KSPの支援の特徴として、インターネットの活用がある。㈱ケイエスピーは、九五年末インターネット・プロバイダ事業を開始する。入居企業のLAN構築を含むインターネット接続、システム運用代行、コンテンツ制作等のサイト構築の支援である。ネット上での支援サービス提供やネットを通じたインフォメーション・サービスにも注力している。（参照 http://www.ksp.or.jp）

成長支援

創業支援を行う中で、成長の見込まれる企業を対象に行う事業を「成長支援事業」と呼ぶ。支援姿勢の面では創業支援と明確な区分はない。ただし、支援メニューの面では、「ポスト・インキュベート」

「ビジネスサポート・センター」及び「投資事業」を成長支援事業と位置づけている。

①　**ポスト・インキュベート**　KSPインキュベータは、八年を入居の期限としている。期限満了を卒業と呼び、卒業企業でKSP残留希望企業には、西棟の他のオーナー所有床及びR&D棟への移転を勧める。ただし、西棟はほぼ満杯で、R&D棟も小部屋は少なく、五〇〇、八〇〇㎡の大規模スペースである。賃料は相場値段で、他に一〇〜一二カ月の敷金が必要となる。ただし契約更新は可能。これらを「ポスト・インキュベート」と名づけている。欧米のSPでは卒業企業が「アンカー企業」として、残留している例は多い。KSPでも三社がR&D棟の五〇〇㎡を超えて成長しているが、内二社はさらに成長し都内に移転している。その原因に賃料、人材確保難等があげられている。これらの課題を含め「ポスト・インキュベート事業」は、現在のKSPの大きな課題と言える。

②　**ビジネスサポート・センター**　ビジネスサポート・センターは、九九年四月に開始した。外部ネットワーク活用による入居企業の成長支援の総称としている。支援は原則として有料。あらゆるニーズに対応するワンストップ・サービスである。狙いは、創業期の経営者に業務に専念させると共に、外部の専門家の活用を図るためである。外部登録企業と契約を締結し、コストパフォーマンスの高い支援提供に努める。入居企業への周知、ニーズ把握を行い、最適の斡旋に努め、成約に至ると若干のフィーが入る仕組みである。現在の登録企業は八〇社弱。サービスメニューは、次のとおり多岐にわたっている。

会社設立、人材派遣・紹介・募集支援、研修、社会保険手続き代行・就業規則作成、記帳サービス・経理事務代行・税務申告、補助金申請支援、技術相談・コンサル、経営相談、資本政策策定・事業計画策定・株式公開支援、特許相談・出願支援、法律相談、資金調達支援、VC紹介、営業支援、翻訳、パ

ンフレット作成・印刷、情報化支援、コンテンツ作成、電話秘書代行、オフィス家具斡旋、事務用品斡旋、不動産紹介、会議室貸出し、ＯＡ機器の貸出し等々。

この一部は、㈱ケイエスピーの固有の業務として行っている。現在、最も重視しているのが、人材確保支援である。企業の成長を左右するのは人材問題である。そのため多くの人材紹介・派遣会社と提携し、特にネットによる人材募集に注力している。㈱ケイエスピーでも「ＫＳＰリクルートウェブ」を行うほか、共同での新卒採用、技術系学生対象のインターンシップ等も行っている。

次いでは資金調達支援。過去には運転資金の融資を行ったが、現在は国、自治体の制度融資が充実しており、その利用斡旋が中心となっている。資金支援の中心は、投資事業である。さらに、営業支援にも注力している。国、県の支援を受け、全国のインキュベータ一〇カ所と共同で、「ビジネス・インキュベータ・ジャパン」の活動を行っている。内容は、入居ベンチャー企業と大手・中堅企業とのマッチング推進である。展示会への共同出展、マッチング商談会、ウエブサイト構築等を行っている。（参照：http://www.bi-japan.com）

③ 投資支援　成長支援事業の中心は投資支援。当初は、投資と言うよりインキュベート支援の一環で、自己勘定で行っていた。一件当りの金額も一〇〇万円～数百万円の少額で、会社設立時の出資金が多かった。その後、「第二の創業」を契機に、インキュベート事業の採算、さらには㈱ケイエスピーの収益事業の柱を目指して、九七年一月「ＫＳＰ一号投資事業組合」を設立した。当初の出資金は八億円であったが、現在は七億円。二五社に対し投資をした。投資企業は、ＫＳＰインキュベータ入居一六社及びＫＳＰ関連企業。一号組合は民法上の組合で、㈱ケイエスピーが業務執行組合員を担う。モノづく

り系企業への投資が主で、金額は一社当り二〜三〇〇〇万円。投資ステージはほとんどがアーリィであった。ファインディング、事前審査は、事業部内で行うが、市場リサーチ、技術評価は外部識者の意見を参考にする。最終決定は、KTF、KAST、社内役員及びIMで構成する投資委員会で行う。投資パフォーマンスは、対象がモノづくり系のアーリィであり、予定よりも遅れ気味であったが、二〇〇三年九月から二社の公開が実現。さらにここ一〜二年で四社程度の公開を見込んでいる。

一号組合の出資金消化により新たな組合の設立が課題となっていたが、二〇〇四年三月「KSP二号投資事業有限責任組合」を設立する。投資事業有限責任組合法に基づく組合で、出資金は六億一〇〇〇万円。中小企業基盤整備機構の出資支援制度を利用し、機構から二億七〇〇〇万円の出資を受けている。組合の基本的枠組みは、一号組合とほぼ同じである。ただし、投資委員会には従来メンバーのほか、公開ベンチャー企業の経営者を加えている。二号組合は、これまでに七社への投資を行う。

投資事業は、KSPインキュベータの最大の特徴である。全国の公的インキュベータでファンドを有するのは、多分KSPのみである。インキュベート支援における投資事業の意義は、次のとおり。

第一に、企業の資金調達面でのエクイティ調達の導入である。従来の融資中心の資金調達は、創業時企業の成長のダイナミズムを阻害すると言える。

第二に、支援企業の経営への関与である。出資により担当IMは株主総会、取締役会等に非常勤取締役又はオブザーバーとして参加し、重要事項の意思決定に参画が可能となる。

第三に、投資資金受け入れには、事業計画、資本政策等の長期的戦略策定が必須で、企業の成長にとり、この過程が重要である。創業期企業でも、将来の成長を目指すにはこれらが欠かせない。

KSPの投資事業は、ファンドの規模、投資額からも限界はある。しかし、自己勘定での初期出資、アーリィ段階での組合投資、成長段階での提携VC斡旋等の組み合わせにより、大きな成果をあげている。同時に、投資事業導入により、㈱ケイエスピーの自立への展望を開けた意義は大きい。

企業家育成

事業の中心は「KSPベンチャービジネススクール」。今期で一三回を終了し、卒業生三六七人を数える。前身は、RADOCが開催した「神奈川経営者育成塾」。KSPオープン後、運営が移管され、事業採算の点で対象を考慮し、「KSP新事業マネジメントスクール」として開催する。途中で名称変更され現在に至る。年一回、六カ月の期間で、金曜日（宿泊）、土曜日を中心に二六日間、全二〇〇時間を越える長期の研修である。受講料七〇万円。カリキュラムは、新事業立上げのための戦略（構想、マーケティング、財務、研究開発、組織、人事、知財等）及びスキルの学習と、自らのビジネスプラン作成より成る。わが国初のビジネスプラン作成を柱に据えたスクールと言われる。また、企業家型人材の育成を目指し、アントレプレナーシップの獲得に力点を置く。インキュベート事業の柱の意味はここにある。

講師陣は、学長・柳孝一氏（早稲田大学）、コーディネーター・竹内倫樹氏（ソシオテック研究所）を中心に、ゲストスピーカーを含め、実践重視の陣容である。受講生は、アントレプレナー、大企業新規事業担当、中小企業後継者、起業志望者等で、全国から参加している。スクールのもう一つの特徴は、学習の場のみでなく、新事業の立ち上げを目指している事。そのため、卒業後の起業支援、スペース提供、資金支援等を積極的に行っている。作成ビジネスプランによりインキュベータに入居した例も数多く、株式公開を実現した例も三件を数える。

スクール以外の企業化育成事業としては、入居企業を対象とした新入社員研修、各種マネジメント研修等の研修、セミナー、講演会等を随時開催している。

4　KSPインキュベート事業の優位性と成果

KSPインキュベータの優位性

ここまで述べて来たように、KSPのインキュベートシステムは、一七年に及ぶ試行錯誤の中で構築されて来た。ここでその優位性について、改めて整理する。

① ミッションの確立　各インキュベータが何を目指すべきかの「ミッションステートメント」は重要。KSPは、設立以来明確なミッションを持ち、インキュベータとしても「二一世紀を担うハイテクベンチャーの育成」「企業家風土の醸成」と言う高い目標を持っている。当事者として、常にミッションを肝に銘じている。

② ハードとしての優位性　KSPの建物は、規模、概観、施設内容としても優れている。特に、東棟、R&D棟は首都圏で数少ない研究開発用建物構造で、床加重、ガス排気、排水面からクリーンルームニーズにも対応している。

③ 成長に応じた多様なスペース提供　「夢オフィス」「シェアードルーム」「スタートアップルーム」

「ポスト・インキュベート」等の多様なスペースの提供は、優れた特徴と言える。

④ **各種のインフラ施設の整備**　ＫＳＰには、企業のための各種の業務支援施設、交流支援施設及び生活利便施設が完備されている。単なるインキュベート施設でなく、ＳＰとしての複合的なインフラがＫＳＰの優位性である。

⑤ **ソフトサービスの充実**　ハード施設だけでなく、七人の専従ＩＭを中心に施設・情報支援の人員を擁し、入居企業の要望に応じ、ハンズオン型の各種ソフトサービスを行っており、これがＫＳＰの特徴と言える。

⑥ **ネットワーク活用のサービス提供**　ＩＭの支援を補完する「ビジネスサポートセンター」「ＫＴＦ、ＫＡＳＴ」「ＫＳＰアソシエイツ」等の外部支援ネットワークの存在も大きい。

⑦ **創業から株式公開までのトータルな支援**　創業支援のみに限定しない支援、特に「投資支援を行うインキュベータ」こそが、ＫＳＰの特徴と言える。

⑧ **意図的募集・ＶＢ創出システム**　有望企業は待っていただけではなかなか現れない。優遇策による入居コンペ、ＫＳＰモデルによる有望シーズの活用、スクールでの有望ビジネスプラン支援等の意図的ベンチャー創出に努めている。

⑨ **企業家育成の教育システム**　企業の成長は、経営者による所が大きい。その意味で「ＶＢスクール」を開催し、企業家の育成に努めている。

⑩ **ＫＳＰブランド確立に向けた努力**　先駆的インキュベータとしての社会的評価は定着している。さらに努力を重ね、サクセスストーリーを実現し、ハイテクＶＢ創出拠点としてのブランド力向上に努め

図1―2　成長支援モデル

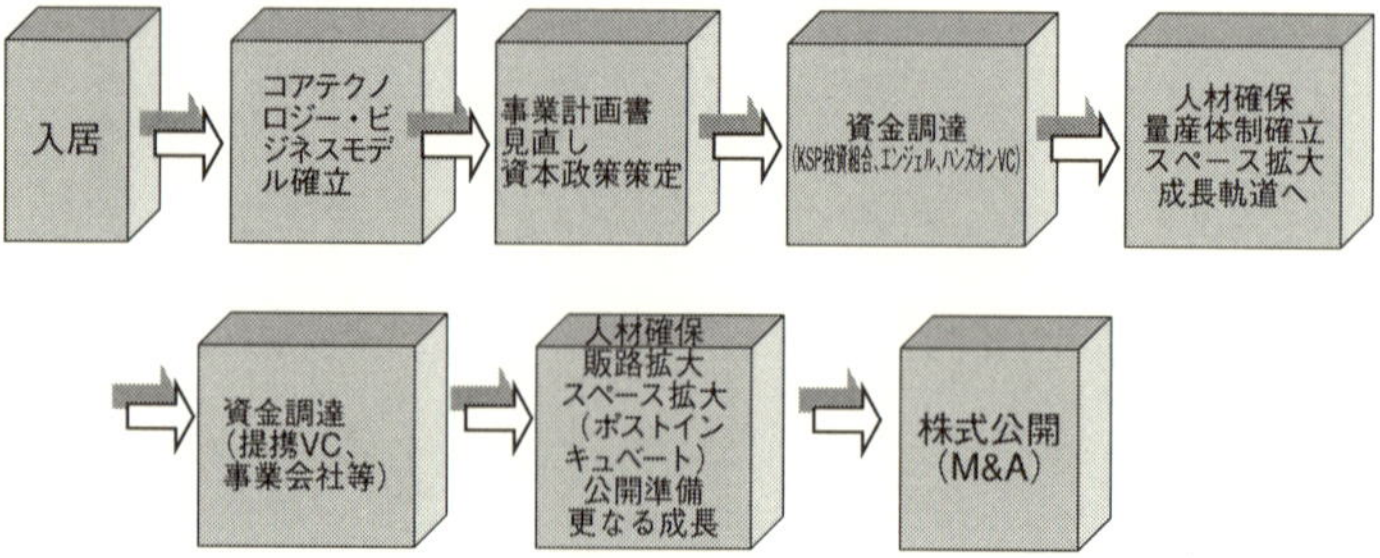

ている。

KSPインキュベーションモデル

次いで、KSPインキュベータの集約として、試行錯誤の中で到達した支援モデル及び取り組み中のモデルについて説明する。

① 成長支援モデル　(図1―2)は、成功の支援モデルである。入居後、まず取り組むべきは、コアテクノロジー、ビジネスモデルの確立である。当初の事業計画は、実行してみると思い通りには進まない。モノづくりにおいては、特に難しい。コアテクノロジーが確立した段階で、事業計画の見直しを行い、次の段階に進む。この時に資金が必要となるが、出来れば融資でなく、資本市場からの調達を考える。もちろん事業計画の将来性、優位性が前提となる。外部からの出資を受ける際には、資本政策を策定し、経営者の長期的資本シェアの維持を考慮する。事業の十分な成果が見えないアーリー段階で、出資するVCは限られる。この点で、KSPの呼び水的出資は意義がある。初期段階での資金調達が実現すると、これら資金を基に人材確保や事業の拡大に進む。その結果として、成長が実現すると、さらに多額の資金が必要となる。これに対応するのが、本格的VCや事業会社である。これらを繰り返しながら順

調に成長するとサクセスストーリィが実現する。後半の段階になると、ＫＳＰはリードの役割を他のＶＣや証券会社等に委ねることとなる。

② ＫＳＰインキュベーションモデル　（図１―３）が、取り組み中のモデルである。ＫＳＰ設立当初の三機関連携「ＫＳＰモデル（図１―１）」は理念的モデルで、それを進化させ前述の支援モデルと統合したモデルと言える。インキュベータ運営の中で、成長企業創出には、テクノロジー、ビジネスモデルの優位性が欠かせない事に気づきつつある。その面で、ＫＡＳＴ、ＫＴＦのシーズの技術水準は高く、成長の可能性は高い。知の拠点である大学、そしてそのシーズに基づく創業が注目される所以でもある。しかし、そのシーズを事業化するには多くの障害がある。企業家、事業計画、資金調達等である。これらの解決への取り組みが、このモデルである。

具体的には、図のように、ＫＡＳＴ、ＫＴＦの事業化につながるシーズを発掘し、研究者等の中から企業家候補を選び、事業計画の策定支援を行う。その結果、創業に踏み出すと、会社設立を始め、各種の支援を行う。以後の支援は、前述「成長支援モデル」の手順に従う。このモデルの最大のポイントは、企業家の選定。大学教授に企業家を期待する事は無理で、外部からの招聘も過去の経験では失敗の可能性が高く、研究者等が対象となる。対象者が創業に踏み切るかは、事業の将来展望、資金調達の可能性等に確信を持てるかであり、それらを含む事業計画の策定に協力する。このモデルに従い、現在ＫＡＳＴ発のＶＢを四社立上げ、㈱ケイエスピーは投資を含む支援をしている。この内、株式公開に近い企業も出つつあり、このモデルの推進に自信を持ちつつある。

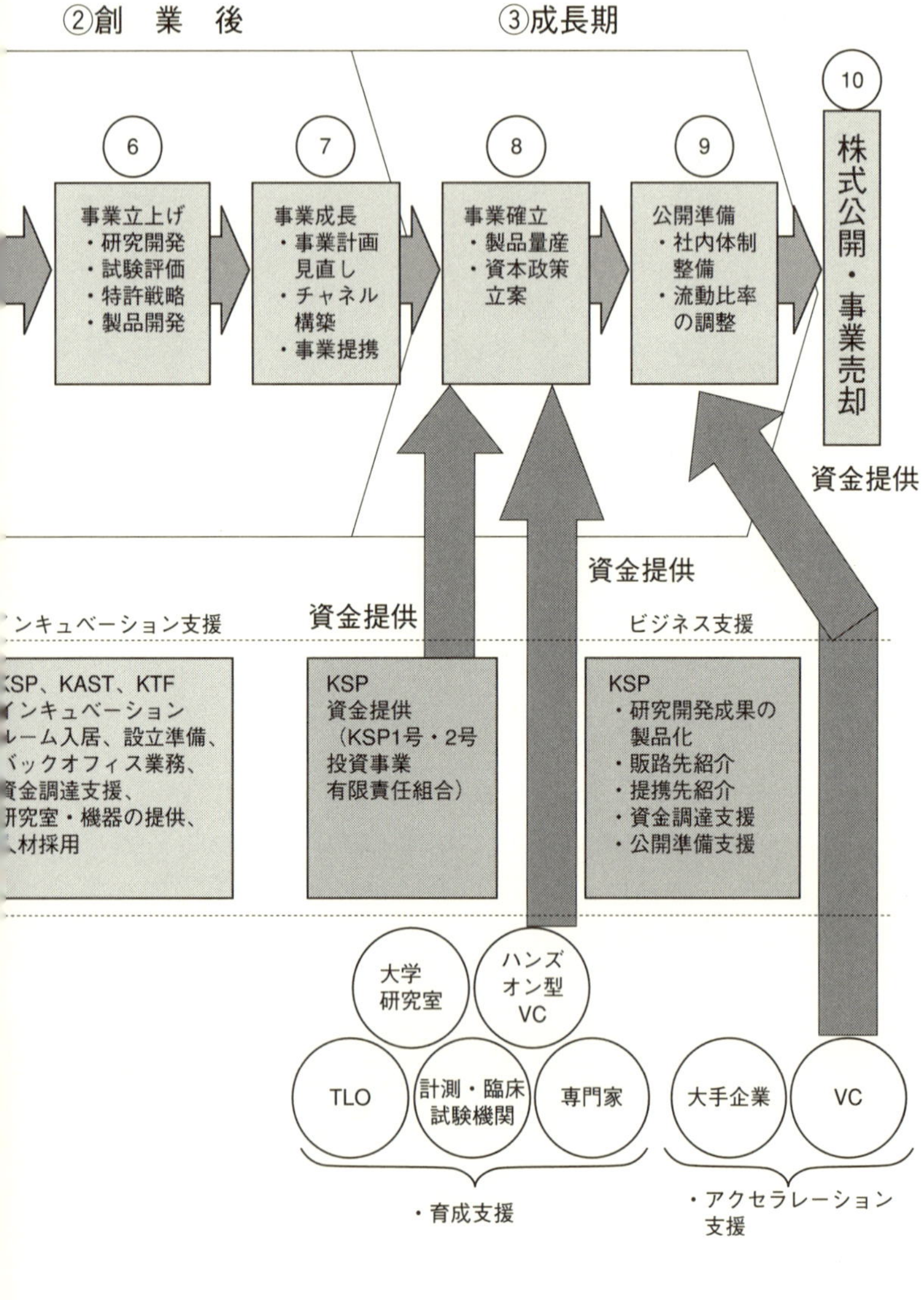
②創　業　後
③成長期
6
事業立上げ
・研究開発
・試験評価
・特許戦略
・製品開発
7
事業成長
・事業計画見直し
・チャネル構築
・事業提携
8
事業確立
・製品量産
・資本政策立案
9
公開準備
・社内体制整備
・流動比率の調整
10
株式公開・事業売却
資金提供
資金提供
資金提供
ンキュベーション支援
ビジネス支援
KSP、KAST、KTF
インキュベーション
レーム入居、設立準備、
バックオフィス業務、
資金調達支援、
研究室・機器の提供、
材採用
KSP
資金提供
（KSP1号・2号
投資事業
有限責任組合）
KSP
・研究開発成果の製品化
・販路先紹介
・提携先紹介
・資金調達支援
・公開準備支援
大学
研究室
ハンズ
オン型
VC
TLO
計測・臨床
試験機関
専門家
大手企業
VC
・育成支援
・アクセラレーション
支援

図1—3　KSP インキュベーションモデル

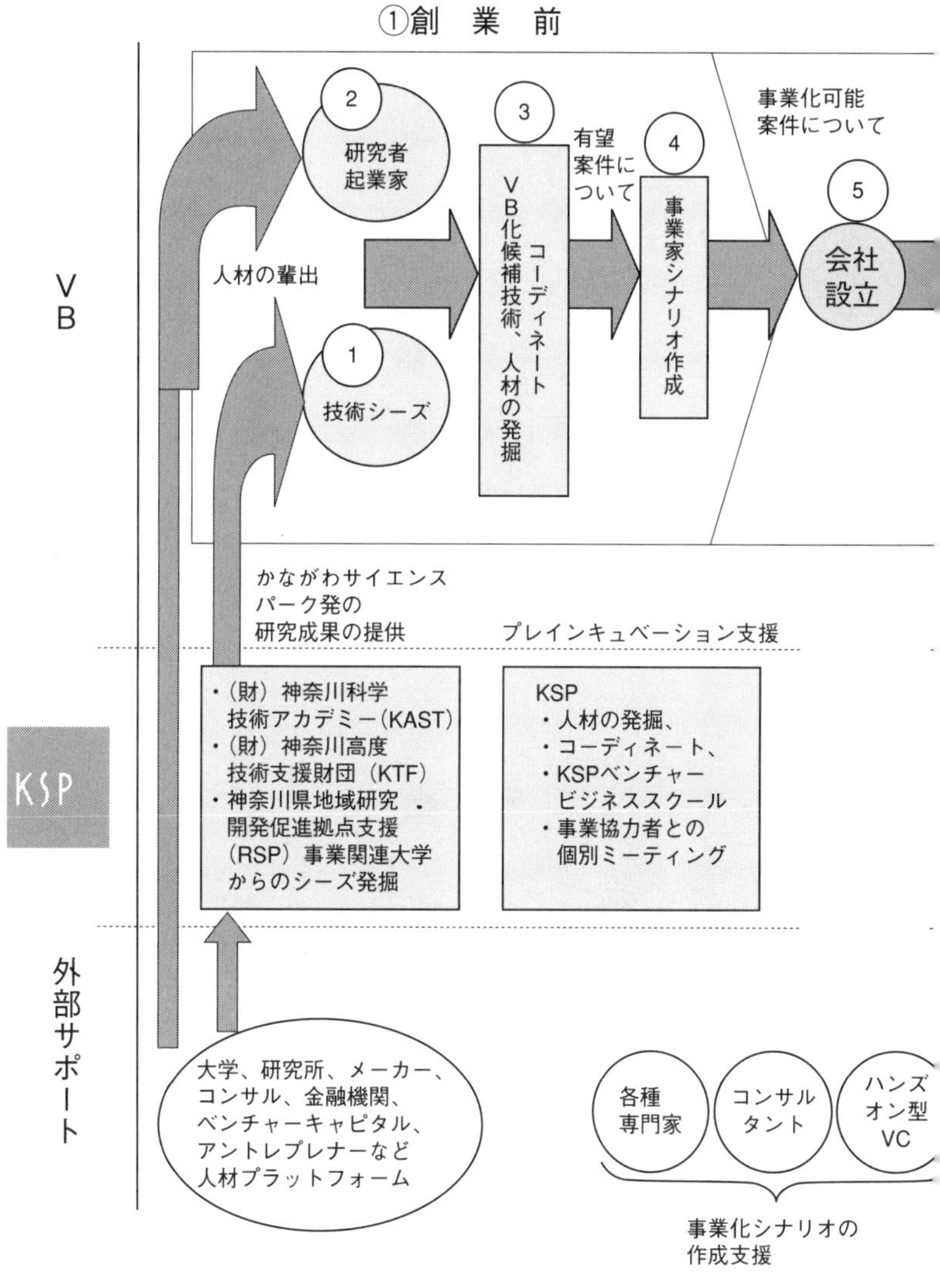
①創　業　前
VB
KSP
外部サポート
2
研究者
起業家
1
技術シーズ
人材の輩出
3
VB化候補技術、人材の発掘
コーディネート
有望
案件に
ついて
4
事業家シナリオ作成
事業化可能
案件について
5
会社
設立
かながわサイエンス
パーク発の
研究成果の提供
プレインキュベーション支援
・（財）神奈川科学
技術アカデミー（KAST）
・（財）神奈川高度
技術支援財団（KTF）
・神奈川県地域研究
開発促進拠点支援
（RSP）事業関連大学
からのシーズ発掘
KSP
・人材の発掘、
・コーディネート、
・KSPベンチャー
ビジネススクール
・事業協力者との
個別ミーティング
大学、研究所、メーカー、
コンサル、金融機関、
ベンチャーキャピタル、
アントレプレナーなど
人材プラットフォーム
各種
専門家
コンサル
タント
ハンズ
オン型
VC
事業化シナリオの
作成支援

ＫＳＰインキュベータの成果

ＫＳＰインキュベータの事業開始から二〇〇四年一〇月まで、一七年間の創業支援実績は、卒業企業一六〇社、現在入居五六社の合計二一六社である。卒業企業とは、過去にインキュベータに入居していた企業で、期限の到来及び他の理由で、ＫＳＰを退去した企業である。これら卒業企業の退去時基準の評価をすると、規模を拡大し成長した企業五四社、廃業又は規模縮小企業五三社、入居時と変化ない企業五三社で、それぞれ三分の一である。最近、規模拡大企業が若干増加しているが、その割合に大きな変化はない。

規模拡大企業を多く輩出しているのが、ＫＳＰインキュベータの特徴と言える。現在、把握しているだけで、従業員数一〇〇人超の企業は八社を数え、最大（グループ）で六五〇人。年売上高で見ると、一〇億円以上が一一社、最大で一二〇億円である。最も成長し著名な企業は、㈱インクス（三次元ＣＡＤ・試作金型）で、七五m^2の創業初期から八〇〇m^2の成長初期まで支援をした。現在、都内が中心であるが、登記上の本社はＫＳＰにある。

成長し、株式公開を実現した企業は、㈱テクノメディカ（医療用検査装置）、㈱アップガレージ（自動車用中古部品販売）、㈱テンアートニ（システムインテグレーション）の三社。その他、成長を遂げている企業に㈱エフオーアイ（半導体製造装置）、㈱サキコーポレーション（プリント基板外観検査装置）、㈱メディアリンクス（放送通信用機器）、㈱ミクロスソフトウエア（システム開発）等がある。

中でもサキコーポレーション、メディアリンクスは、ＫＳＰインキュベータの成長モデル企業。サキコーポレーションは、九四年、一二m^2のシェアードオフィスで創業し、成長と共に七回の移転の末、六

○○㎡を最後にＫＳＰを退去。都内の一五○○㎡のオフィスに移った。斯界の世界第二位を占め、急成長を続けている。メディアリンクスも同時期に、一六㎡のシェアードオフィスで創業し、同様に移転を重ね、現在は七○○㎡、近く五○○㎡の増床を行う。同社の非圧縮映像伝送装置は、アテネオリンピックでも採用されるなど評価は高く、着実な成長を遂げている。両社に対し、ＫＳＰはスペース提供は勿論、初期段階の事業計画作り、資金支援、人材確保、会計サービス等のほか、成長期での投資、人材確保、公開支援等の各種の支援を行ってきた。成長につれ、支援が少なくなるのも事実。両社とも、株式公開は時間の問題である。

投資事業のこれまでの実績を示すと、自己勘定投資は、一○社に対し六二○○万円の投資を行い、公開等により既に投資額以上の回収を実現。第一号組合は、二五社に五億五八○○万円の投資を実施。二社の公開を実現したものの、十分なパフォーマンス実現にはさらに一〜二年を要する。第二号組合は、この六カ月で七社に一億四八○○万円の投資をし、順調に推移している。今後は、一号組合のパフォーマンスを実現し、従来規模を上回る三号組合の設立を目指す方針である。

5　ＫＳＰインキュベート事業の課題

以上、ＫＳＰインキュベーション事業の生い立ち、沿革、そして現在の到達点について述べてきた。まさに試行錯誤の歩みであったが、当初の創業支援から成長支援、企業家育成を加えたトータル支援の枠組みを完成させ、支援メニューも豊富となり、支援モデルも固まりつつある。その結果、ようやく他に誇れる成果も出つつあると自負している。

しかし、多くの課題を抱えている事も事実である。支援体制も、形は整いつつあるが、内容としては、IMのプロデュース能力、企業ニーズに応じた最適支援体制、ネットワーク活用体制、経営者能力向上策等のいずれの面でも不十分と言える。投資事業も、評価能力、支援態勢、資金量等まだまだ不十分な点も少なくない。

またKSPを取り巻く環境も厳しい。バブル経済下、借入金依存で建設されたKSPは、ハンディを抱える。ベンチャーブームの中で、民間インキュベータや低家賃の公的インキュベータも急増し、大学も事業化支援に向け急速な変化を遂げつつある。ただし、これらの変化は、我々が目指して来た企業家風土醸成に向けた動きそのものであり、長年の取り組みを生かす好機の到来とも考える。勿論、当面する課題解決へ努力を傾注し、KSPのより一層の優位性を高め、差別化を図らねばならない。

同時に、我々は、インキュベータとしての自立、サステナビリティの実現を強く意識している。その意味で目指すのは、インキュベータそのもののサクセスストーリィの実現である。この推進にあたり直面する大きな課題は、組織のあり方、第三セクターの限界である。残念ながら、公益性と収益性は両立できないとの感を強めている。それをどう解決するか、大きな課題と言える。

(1) ㈶先端加工機械技術振興協会『かながわサイエンスパーク構想調査報告書』一九八六年。
(2) ㈱ケイエスピー『ベンチャー創造の歩み―KSPインキュベート白書―』一九九四年。
(3) 「第二の創業」の取り組みについては、久保孝雄他『知識経済とサイエンスパーク』日本評論社、二〇〇一年。

第二章　ビジネス・インキュベータの老舗
――大阪／島屋ビジネス・インキュベータ

都市、特に大都市には中小企業が生まれ育つ下地が元来備わっているといってよいだろう。人や情報が集中する都市の消費者ニーズは実に多様でダイナミックであるが、その母集団の巨大さゆえに、マイナーニーズといえども企業の採算ベースに乗りやすい。また、生産工程におけるコンピュータ化などの近年の技術革新は多様なニーズに対応した生産を行う上で有利に働く。こうして、人件費をはじめとする操業費用を少額に抑えられる中小企業にはビジネスチャンスが広がっているのが都市である。

また、大手メーカーも、コストの削減やリスクの分散を進めるために、外部資源への依存をますます強めており、都市に集積する中小企業は、わが国のモノづくりの技術基盤としての役割をいっそう期待されている。

一方で、終身雇用制や年功序列賃金など従来の安定的な日本型企業経営は崩れつつあり、都市部を中心に、新たに企業を起こそうと志す人も潜在的には相当数存在すると思われる。ただ、例えば、法人設立の手続きの仕方や財務管理に関する知識、資金調達やマーケティングの手法、技術や生産手段の獲得など、起業に必要な要件をすべてクリアできる人はごく少数であり、むしろこうした要件のいくつかの欠如から決断できない人が大部分だと思われる。

そこで求められるのが、起業を支援する体制であり施設である。わが国の各地でインキュベータに関する議論が活発化してきたのは必然といえよう。

1　大阪市の次世代産業育成構想とＳＢＩ

産業都市・大阪のインキュベーション構想

かつて紡績業や綿織物工業などが栄えた大阪は「東洋のマンチェスター」と形容された。ターミナルデパート（阪急百貨店）、インスタントラーメン（日清製粉）、国産ウイスキー（サントリー）、おまけ付キャラメル（江崎グリコ）、プレハブ住宅（大和ハウス）など、大阪は例をあげればきりがないほどのニュービジネスを生みだした産業都市であった。国民所得の伸張にともなって生活スタイルの変化がもたらされた高度経済成長期には、家電産業もめざましい発展をとげた。

ただ、冷蔵庫や洗濯機からカラーテレビ、オーディオ機器、ＶＴＲと家電のエレクトロニクス化が進展するにともない、在阪メーカーは東京系の総合電機メーカーや通信機器メーカーの台頭におされるようになり、あわせて、家電とともに大阪経済を牽引してきた鉄鋼・化学などの素材型産業も停滞期を迎えることになった。一方で白物家電に代表される成熟技術品の生産は郊外や海外への移管が進み、拍車をかけるように一九八〇年代後半以降、諸機能の東京一極集中が顕著になると、大阪から本社機能を東京に移転する企業も目立つようになった。

大阪経済のかつての活力が失われていくなか、大阪市も次世代産業の育成に本格的に着手する必要に迫られ、八七年に「大阪市における都市型次世代企業育成方策に関する調査」が策定された。とりわけアメリカのシリコンバレーの成功が大きな刺激となり、七〇年代以降、欧米各地で導入の進んだインキュベータに大阪市も強い関心を寄せるようになった。その意義を、大阪市では以下の三つの観点から捉えている(1)。

第一は、大阪における中小企業の活性化の観点である。すなわち、研究開発型、ネットワーク利用型、情報集約型、ニューサービス型の中小企業群を創出して、大阪の産業構造転換に大きなインパクトを与えようというものである。第二に、大阪がもつ伝統的なインキュベーション機能の拡充という観点である。プロダクトサイクルの考え方に立てば、都市とは新商品やニューサービスを生み出す〝インキュベーション都市〟でなければならないのである。第三は、都市づくりの観点である。二一世紀の大阪は、居住、学術、文化、アメニティ機能、国際化・情報化機能など高次で多様な都市機能を充実させ、人・物・情報が集まるような都市をあらためて指向しなければならない。そのために、大阪へ行けば新しい商売や事業ができる、自分の夢が叶えられる、自己実現できる自由で魅力的な都市をつくりあげることが必要なのである。

そこで大阪市は、八六年から四カ年を費やして欧米のインキュベータの視察を繰り返し、民間主導型、大学主導型、公的セクター主導型のインキュベータのうち、シカゴのフルトン・キャロル・センターをモデルに、公的セクター主導で民間活力もとり入れた第三セクター方式によるインキュベータの創設をめざした。その際、インキュベータ入所企業だけでなく既存の企業の支援もあわせて行い、市域全体の活性化をはかるために、企業の発達段階や事業内容に合わせた施設を、既成の施設も活用しながら市内各所に分散させることにした。

大阪経済の活性化を求める動きには、大阪財界も同調し、特別顧問に山下俊彦・松下電器産業㈱元社長、佐々木正・シャープ㈱顧問を迎えて、八九年一〇月に財団法人大阪市都市型産業振興センター（以下、財団）が設立された。当初は財団の名称を「大阪市インキュベータ財団」とする案も浮上したが、前述のように大阪市全体の経済活性化を目標とするなかで、支援対象が限定される印象を払拭するために現行の名称になったという。

インキュベーション都市・大阪に向けて

財団設立の翌年七月に運営を開始した島屋ビジネス・インキュベータ（以下、ＳＢＩ）を皮切りに、現在に至るまで市内各所に関連施設の整備が進められてきた（図２―１）。

創業準備オフィスは、原則として六カ月以内に市内での創業を希望する人が、支援プログラムに基づき事業計画・資金計画の立案、情報の収集など創業の準備を集中的に行う共同オフィスで、二〇〇一年に中央区本町一丁目にオープンした大阪産業創造館の一四階に入居している。創業準備オフィスを運営する大阪市中小企業支援センター（あきない・えーど）は、もともと二〇〇〇年二月に中央区船場に開設された大阪市創業支援センターが、大阪産業創造館の開所にともない移転したものである。それまでの創業支援サービスに加えて、既設の中小企業の経営支援にも注力するために現行の名称に変更された。

創業準備オフィスを卒業し、いよいよ創業の段階を迎えると、登記をはじめとする法人設立の手続きや資金の調達、事業空間としてのオフィスの確保などさまざまな現実的課題に起業家は直面することになる。主に創業時の利用を想定して、こうした課題を一つずつクリアするために設けられたのが扇町イ

図2—1　大阪市のインキュベータと関連施設の分布

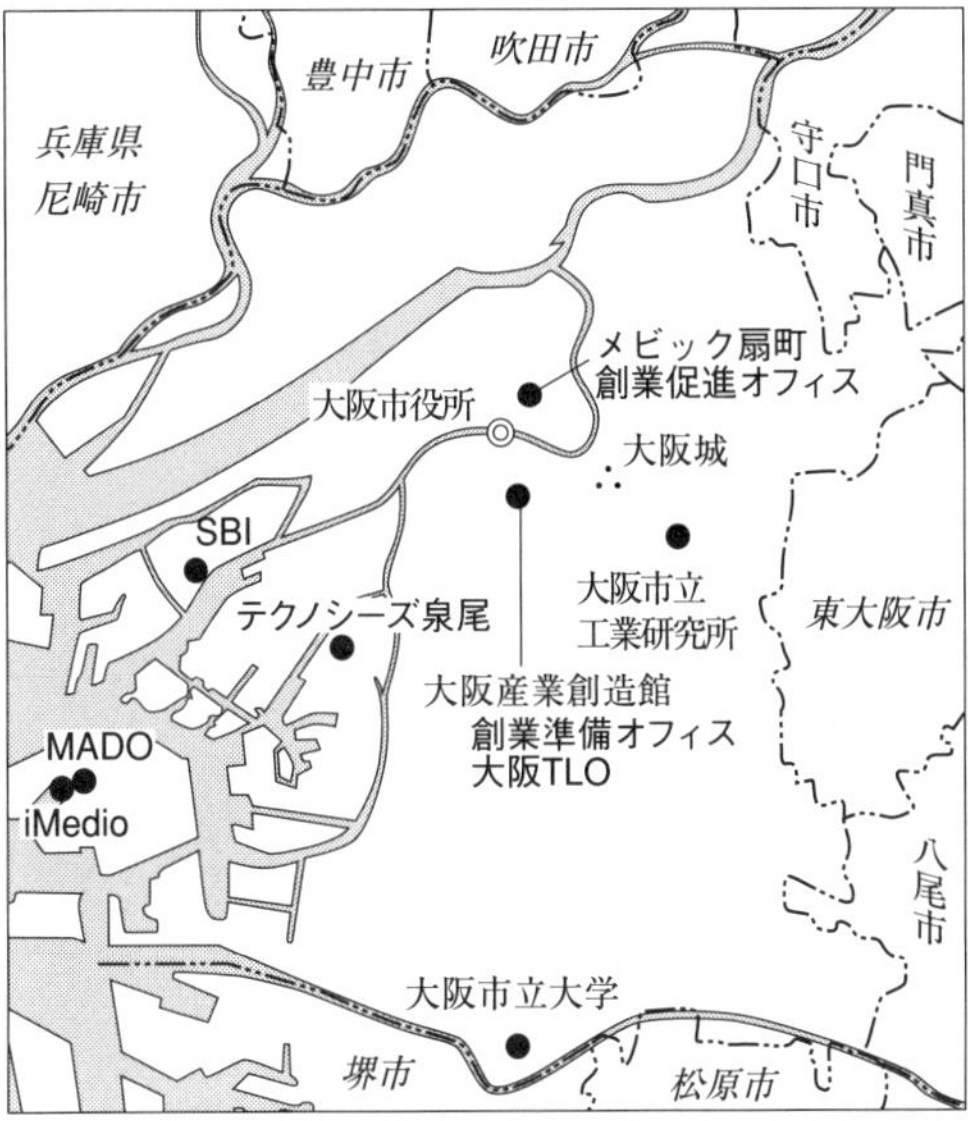

ンキュベーションプラザ・メビック扇町（北区南扇町）三階に入居する創業促進オフィスである。

創業まもない企業の育成には、対象業種ごとに設置されたインキュベーション施設があたっている。

ＳＢＩ（此花区島屋）は、主に先端技術型のモノづくり系ベンチャーを対象に、専用オフィス、研究開発設備、経営・技術支援サービスなどの提供を行うインキュベータである。その後の企業成長などにより生産設備の拡充が必要になると、二四時間体制で利用できる賃貸工場・テクノシーズ泉尾（大正区泉尾）への入所も可能である。

大阪南港開発にともなって建設されたＷＴＣ（大阪ワールドトレードセンター）、ＡＴＣ（アジア太平洋トレードセンター）には、映像情報産業などマルチメディア系企業の支援・育成を目的とするソフト産業プラザＭＡＤＯ、ｉＭｅｄｉｏがそれぞれ入居している。ＭＡＤＯ（住之江区南港北）は、共同研究のコーディネートや共同ラボなど共同研究開発の支援を行い、ｉＭｅｄｉｏ（住之江区南港北）はベンチャー向けの専用オフィス、映像スタジオ、各種資料の提供などを行う。

ＩＴ系企業や映像・広告・デザイン等のクリエーターを対象とするインキュベータが二〇〇三年に開業したメビック扇町である。入所者は周辺に集積がみられる同業種企業とのコラボレートやネットワークづくりが期待できる。また、市内で活動するデザイナーやクリエーター向けのインキュベーション・オフィスは、大阪デザインセンターが運営する大阪デザイン振興プラザ（住之江区南港北、ＡＴＣ）内にも設置されている。

なお、大阪のメインストリートである御堂筋沿いには、創業促進型賃貸オフィスが数多く認定されており、大阪市の家賃補助を受けることで起業家は創業時の経費負担を節減することができるが、支援サービスなどはなく、これらはインキュベーション・オフィスにはあたらない。

こうしたインキュベータのサポートを担当するのが大阪市立大学（住吉区杉本）や大阪市立工業研究所（城東区森之宮）である。大阪市立大学では、企業や自治体との共同研究、技術指導を行っているほか、起業家教育も実施されており、全ての専任教員を対象としたデータベースを作成して、交流可能な研究テーマや交流実績の公開に着手している。工業技術に関する総合研究機関として一九一六（大正五）年に開設された大阪市立工業研究所では、企業向けの技術相談や試験・分析、受託研究、情報提供などのサービスにあたってきた。その他に大阪産業振興機構が運営する大阪ＴＬＯは、産学官の連携の拠点として、大阪府下の大学がもっている研究成果を特許化し、企業への技術移転を図っている。

写真2—1　SBIの外観

2　起業家の学校

SBIの概要

西日本最大のテーマパークUSJに近い、JR安治川口駅前にSBIはある。やや古びた外観をもつ四階建てのビルは、もともと五九年に川崎重工業の設計事務所として建てられたものを、大阪市を通じて財団が取得して再利用しているものである。SBI所長でインキュベーション・マネージャー（IM）である農本良浩氏は、「インキュベータはハード（建物）よりソフト（支援体制）がより大切ですから」と笑うが、これは工場跡などの老朽化施設を活用していた欧米のインキュベータの視察を八〇年代後半に繰り返したなかで〝培われた〟感覚であったという。

無論、SBIは、高速・大容量通信回線や実験施設などインキュベータとして必要な設備を整えているが、財団が運営する他の関連施設や大阪市立工業研究所・大阪市立大学とのネットワークを活用することでハード面の不安は解

図２―２　ＳＢＩ内部の施設構成

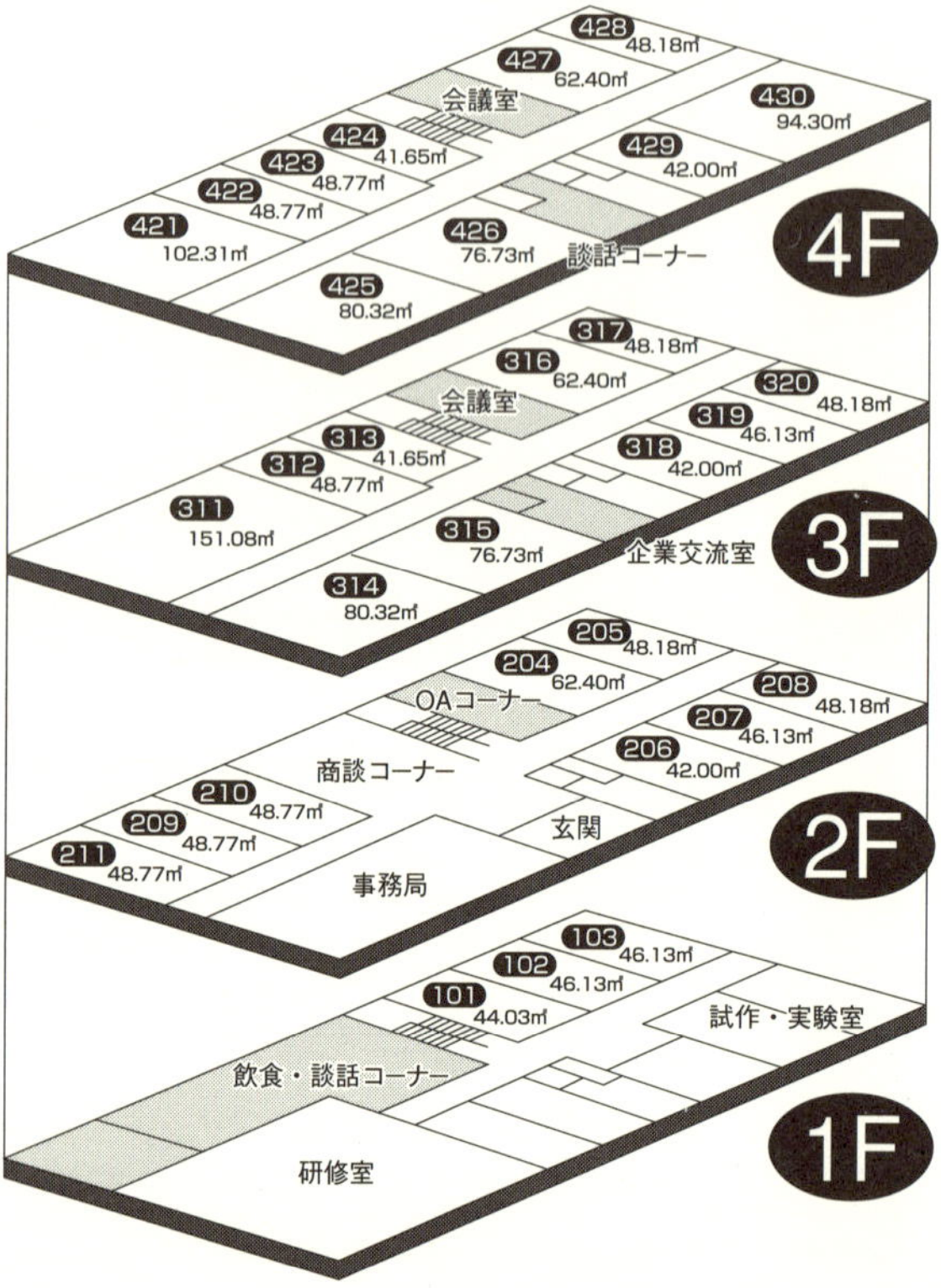

消できる。ただ農本氏は、ハード面だけのインキュベータとは教師不在の学校のようなものであって、優れた教師が優れたカリキュラムの下で優れた授業を行って優れた卒業生を送りだすのが良い学校と評価されるのと同様に、万全の支援体制の下、優秀な企業を輩出していくことがインキュベータの役割なのだと力説する。

では、学校の入学試験にあたるＳＢＩへの入所審査とはいかなるものか。ＳＢＩの入所企業資格は「研究開発型の中小企業で創業期にある企業または新分野開拓を指向する企業」、「先端技術の開発、または既存技術の組み合わせなどによる付加価値の高い製品開発を指向する企業」とあり、審査にあたっては高度に専門的な技術を評価し、将来性を正確に判断しなければならないが、その際、書類審査よりも面接が重視される。起業をめざす人と直接話し合い、書面からは見えないその人の意欲や意志の強さ、可能性や他社との協調性を感じとるためにおよそ二カ月を費やし、その後、提出書類に基づいて事業計画や資金計画などを平均二時間にわたって議論する。事業計画の見直しや書き直しを求められる人も多いが、インキュベータは最初から支援の必要がないような優等生を受け入れる施設ではないとして、マイナス評価よりもいかにプラス面を伸ばすかということに神経が注がれる。こうしたやりとりを二、三回繰り返しながら入所企業が決定されていく。インキュベータは、単に低廉な費用で部屋を貸す場所ではなく、起業家の夢を実現する場所である。そのための支援を行う以上、入所企業は経営もガラス張りにすることが強く求められる。

SBIの入所企業

SBIの入所費用は、専用賃室料として一㎡当たり月額一八二〇円を基準に、スタートアップ期の経費負担を軽減するため入所一年目は基準額の八〇%、二年目は基準額の九〇%となる傾斜家賃制を採用しているほか、共益費、入所保証金（退所時に全額返還）、インキュベーションクラブ費（月額一万円）、光熱費・通信費（実費）となっている。入所期間は三年を基本に、更新により最大九カ年であるが、平均すると企業の入所期間は二・四年である。

二〇〇四年一〇月現在、三三社が入居している。資料が得られた二八社のうち、SBIが開設された九〇年以前に設立していたのは九社、九一～九九年に設立したのは七社、二〇〇〇年以降に設立した若い企業が一二社であった。誕生して間もない企業だけでなく、その支援を求めて既存の企業がＳＢＩに移ってくるケースも多い。また、本社所在地に注意すると、大部分がＳＢＩに本社機能を置いているが、五社は東京都千代田区、神奈川県平塚市、名古屋市中区、奈良県桜井市、愛媛県松山市に本社をもつ府外企業である。低廉なオフィス環境のみを求めてやってくる企業は入所審査の段階で拒まれるＳＢＩにおいて、こうした府外企業が入所している事実は、同施設が研究開発の上質な苗床であることを示唆している。

次に入所企業二八社の業種・事業内容の一覧を表2―1に示すが、いずれも先端技術に基づき、たいへん広範な事業展開をしているのが実際である。そのうえで一例をあげるならば、㈱マイクロアイは、携帯電話を利用して病院の受付ができる通信ネットワークシステム・ｉＴｉｃｋｅｔを開発し、マスコミでも大きく報道された。利用者は、携帯端末を通して待ち時間・待ち人数や現在の呼び出し番号の確認もでき、全国の病院で導入が進んでいるという。

またＳＢＩでは、大学発ベンチャーの入所実績もＯＢを含めて数件ある。そのうち㈱バーネットインターナショナルは、東洋レーヨンの技術者が代表取締役となって設立したバイオテクノロジー関連のベンチャー企業であるが、創業後に大阪府立大学農学部と生物資源研究の実用化に関して協力する基本契約を締結している。一方、㈲マテリアル・デザイン・ファクトリーは、大阪市立大学教授がこれまでの研究成果を事業化するために起こした大学発ベンチャーで、自らはＣＴＯ（最高技術経営責任者）に就任している。規制緩和により二〇〇〇年に国立大学教官等の民間企業の役員兼業が解禁されたこともあり、ＳＢＩでは大学発ベンチャーの増加を期待している。

ＳＢＩの支援体制

ＳＢＩには技術面の支援と経営面の支援をそれぞれ担当する複数のＩＭが常勤している。これまで、前者にはシャープ、三洋電機、松下電器からの技術者を、後者には、従来から中小企業支援に積極的であった都市銀行（住友銀行、大和銀行、富士銀行、三和銀行）および大阪商工会議所から交代で迎えてきた。現在の農本氏は、損害保険会社の出身で、主にニーズ調査や販売組織網の構築を手がけていたが、大阪市幹部職員であった大学時代の友人からの誘いを受けて二〇〇〇年に就任したとのことである。

ＳＢＩの支援体制は、大雑把にいえば、モノ、ヒトそしてカネの三面から捉えることができる。「モノの支援」とは、技術力を高め、良いモノづくりができるように行う支援である。研究開発型インキュベータであるＳＢＩの入所者は、大半がすでに一定水準の技術力をもっているが、取引先の確保・拡大や資金調達をスムーズに進めるために、技術力のいっそうの向上は不可欠である。ただ、高い技術に基づいてつくられた「良いモノ」が必ずしも「売れるモノ」ではない。したがって、経営者としての能力を高め、起業家から企業家への成長を促す「ヒトの支援」が必要になる。したがってＳＢＩでは専門ＩＭによるマンツーマン指導のほか、グループ研修・全体テーマ研修などの講習会を開催している。

ＳＢＩには、入所企業同士による島屋ハイテクフロンティア企業交流会も誕生している。この交流会は、入所企業やＯＢ企業の技術・商品の展示会である島屋ベンチャーフェスタを財団、ＳＢＩとともに主催するほか、各種勉強会や親睦会の開催など活発に活動している。仲間企業としての信頼と競争意識

	社名	主な業務内容・特徴
環境・バイオ関連	JTS㈱	紫外線・可視光線・赤外線調整材の製造・販売。ホテル・官公庁などの建築物や農業用ビニルハウスへの紫外線調整材の販売・施工。
	㈲新成化学	有機化合物の特注合成、試薬の販売。合成手法による受託研究。
	㈱バーネットインターナショナル	植物の皮・殻・種子などの成分に注目し、バイオテクノロジー技術を活用して新食材を研究・開発。大学発ベンチャー。
	㈲ボンズ	汚れにくく長寿命の最新鋭中空糸型逆浸透膜を採用した高純水器の開発。医薬品・医薬部外品・バイオテクノロジーに関する研究開発。
電子・機械関連	㈱AMC	新しい金属表面改質技術を通じて、耐疲労強度性、耐摩耗性、耐食性、耐熱性などを向上させた機械部品・工具類の製造・販売。
	ヴイストン㈱	全方位センサを利用した光学機器の製造・販売。研究開発・教育用のパーソナルロボット等電子機器の製造販売、システムソフト開発。
	Sマシン㈱	厨房機器の製造・販売。つゆ・だしの部分の機械化を実現。
	オー・イー・エム㈱	FA分野の電気・電子・通信機器を中心としたシステムエンジニアリングの設計・製作・施工。半導体オープン炉加熱制御システムなど。
	小川技研㈱	電子製品の受託開発、計測器・制御装置の開発。LED検査装置、有機EL特性検査装置、半導体テストシステムなど。
	㈱テクノフリート	分光分析装置の輸入・販売・メンテナンス、測定装置の受注製作。機器選択・測定方法など赤外分光分析のサポートサービス。
	㈱デナロ	セルフ給油用リライトカード精算システムなどGS業界向け機械・システム開発・製造。画像配信システムなどの開発・販売。
	㈱トータス	プリント配線板の設計・製作、電子部品の実装・組立、電子回路の設計、ソフトウェア開発。短納期・低価格で提供。
	松永電子システム㈱	マイクロコンピュータ応用制御・メカトロニクス制御など電子制御装置の開発、光ファイバーを媒体とした信号伝送装置の開発。
	㈲マテリアルデザインファクトリー	有機化合物を原料に、触媒作用を利用する有機触媒CVD技術。低温成膜に関する受託成膜、成膜プロセス開発。大阪市大発ベンチャー。

資料：島屋ハイテクフロンティア企業交流会資料などから作成。

表2―1　SBIの入所企業

	社名	主な業務内容・特徴
情報・通信関連	(有)アジアソフトラボ	ITコンサルティング、システム設計・プログラミング。ベトナムを中心とする海外企業を活用し、低価格でソフトウェアを開発。
	(有)アップスタート	システム開発、ソフトウェア開発、ITコンサルティング。コンピュータネットワークを利用したサービスの開発支援。
	(株)エイエルエス	技術者向けに技術英語の読み・書き支援システム「e–learning」の設計、サービスの提供。
	キャムクラフト(株)	金型企業向け工程管理システム、CAD/CAMシステムの販売。モデリング、NCデータサービスの提供。
	(株)システムバンガード	各種システムの開発（Webシステム、文書管理システム、ファイリングシステム、タッチパネルシステム、消防防災システムなど）。
	(有)トロン	電子ペンでタブレットに入力する電子カルテ「Dr. Board」の開発。各医院に合わせたセミオーダーが可能。
	日本気象(株)	インターネットを利用した気象情報配信、気象データ販売。気象防災計画策定、気象予報士講座、小型風力発電機販売。
	(有)ベータ・システム	メーカーからの受注による無線通信機器・航法機器・各種計測機器などのシステム設計。関西国際空港埋立作業の管理システムも構築。
	(株)マイクロアイ	コンピュータネットワークシステムの開発、通信ネットワークを利用したシステムの研究・開発。目指すのはドラえもんのポケット。
環境・バイオ関連	(株)アキュサイト	機能性セラミック、浄水器等の機能性セラミック活用機器の製造。水環境改善へのセラミックの効率的活用システムのエンジニアリング。
	(株)アクアテック	産業廃水処理技術に関する研究開発。廃水処理システム・プラントの設計。廃水からの重金属回収、各種窒素問題の解決。
	(株)イーテック	植物性炭素繊維の製造・販売。当繊維の通電性に着目し、大阪府との共同研究で熱エネルギーへの変換率の高い発熱体を製品化。
	AKテクノ(株)	建設廃棄物の減量・リサイクルに関する土木・建築用材料の開発。土壌浄化技術の開発・技術コンサルティング。
	カンソー工業(株)	各種乾燥装置・環境装置の開発・設計・製作。生産現場や廃棄物の再利用・環境保護の分野で熱と風による乾燥の応用技術。

の芽生えは、入所者の最大のメリットといっても過言ではなく、退所した企業も年に一度「同窓会」を開いている。トヨタ自動車のエアバッグや三洋電機の3CCDカメラの開発にも携わり、その技術を支えてきたのは、この交流会から生まれた共同研究・共同作業であるという。

次に「カネの支援」とは、資金調達能力を高めるための支援ということができる。スムーズに資金調達を進めるためにはまず、大阪市信用保証協会を利用しての融資や公的機関からの補助金・助成金を得られるような技術力を獲得するようにSBIでは指導している。SBIの入所企業は、大阪市の創業支援融資制度を利用して、最大三〇〇〇万円の融資を受けることもできる。加えて、老舗インキュベータとして実績を積み重ねてきたSBIには、融資先の紹介を求めてやってくる都市銀行関係者も多く、事務局が仲介することもある。ただ、ベンチャーキャピタルからの資金調達は、株式上場の見込みがなくなると撤退される恐れがあるとして積極的には奨めていない。

入所企業の取引先の開拓にも、SBIは陰に日向に支えてきたといってよい。興味深い製品の開発に取り組んでいる企業は、早い段階で日本経済新聞や日刊工業新聞などマスコミにPRするというが、SBI、そしてそのOB企業が確立してきた信用もあり、記事として取り上げられる機会も多いという。そのため、例年開催される島屋ベンチャーフェスタには、企業関係者のみならず数多くのマスコミも取材に訪れる。

SBIは、企業同士のマッチングやネットワークの構築にも積極的で、経営資源が限定的な中小企業の水平的な連携をつくりだすことで、ビジネス機会の拡大を図ってきた。入所企業のなかには独自技術を武器に大手メーカーとも対等な横請関係を築いているケースも少なくない。

もっとも各社に対する具体的な支援内容やその方法は、三〇社あれば三〇通り存在するというのが現実であり、それはＩＭと入所者との関係の中から編みだされていく。その際、入所者が相談にやってきた段階ではすでに遅く、ＩＭは事務局のそばを通り抜けるときの入所者の表情・顔色、姿勢、足音などに気を配って悩みを見抜かなければならないのである。「生徒の様子をみて教師が異変に気づかなければならないのと同じです」と農本氏はいう。

3　産学官の連携が生んだベンチャー（ヴイストン㈱）

やったろう！　関西

二〇〇四年、関西で放映された公共広告機構のテレビコマーシャル（「やったろう！　関西」シリーズ第四作）に登場するロボット製作集団Ｔｅａｍ　ＯＳＡＫＡ。このＴｅａｍ　ＯＳＡＫＡが生み出したヴィジオンは、ロボットによるサッカー競技大会「ロボカップジャパンオープン二〇〇四大阪」で総合優勝を果たし、同年六月二九日から七月五日にポルトガルで開催された「ロボカップ二〇〇四リスボン世界大会」においてもヒューマノイドリーグで歩行、ＰＫ、フリースタイル、テクニカルチャレンジの全種目を制して優勝した二足歩行ができるヒト型ロボットである。

ヴィジオン（ＶｉｓｉＯＮ）とは、英語の“Vision”（視覚、将来像、想像力）に由来する造語である。三六〇度の全周囲を瞬時に見渡すことができる全方位センサを搭載するヴィジオンは、「ボールを認識する」「ボールへ移動する」「相手を認識しディフェンスする」「シュートをする」といった動作を自律的に行うことができる。

このロボットの開発チームであるTeam OSAKAは大阪産業創造館の呼びかけに応募した一四企業・三大学四研究室・一NPOの中から選出された大阪大学石黒研究室、システクアカザワ、ロボ・ガレージそしてヴイストンから構成されている。

ロボットの視覚認識に関する専門家である石黒浩大阪大学大学院教授は、ATR㈱国際電気通信基礎技術研究所、京都府相楽郡）知能ロボティクス研究所の客員室長として、ヴィジオンの出発点にあたるロボビーの開発・研究に取り組んできた。システクアカザワ（大阪市福島区）は、精密部品加工の技術に基づき、工業用全方位内視鏡を開発したSBIのOB企業である。同社は、Team OSAKAの開発費の一部を出資しており、チームのまとめ役として機能している。ロボ・ガレージは、京都大学ベンチャー・ビジネス・ラボラトリーに入居する大学発ベンチャーで、ロボットクリエーター高橋智隆氏が外装、動作などのトータルデザインを担当している。ヴイストンは石黒教授のこれまでの研究成果を事業化するために設立されたSBIの現役ベンチャー企業で、ヴィジオンの全方位センサを利用した知覚技術、歩行・動作制御技術などを担当した。

産学官の融合

ヴイストン取締役の大和信夫氏（一九六三年生まれ）は、防衛大学校理工学部を卒業後、陸上自衛隊に入隊した。独立志向が強い青年であったという大和氏は、退官後、産業用プラントメーカー、不動産仲介会社のサラリーマンとして営業やマーケティング調査のノウハウを学び独立に備えた。退社後の二〇〇〇年四月に、大和氏の父が経営するカンソー工業が入所していたSBIの設立一〇周年記念行事として「アメリカ東海岸企業視察旅行」が催され、たまたま大和氏も参加することになった。このツアーで、SBIのOBであったICカード設計の日本LSIカード・大木真二、航空機部品精密加工のシステクアカザワ・赤沢洋平の両氏と出会った大和氏は、帰国後、自分のビジネスプランを診てもらうために大木氏に連絡をとったところ、反対に当時和歌山大学教授であった石黒浩氏が研究している全方位センサの事業化をめざす新会社設立の協力要請を受けることになった。全方位センサのシステム開発は、ATRでロボビー開発に携わり、石黒氏のかつての教え子にあたる前田武志氏が担当することになり、ヴイストンは誕生した。その後、石黒氏も取締役に就任し、全方位センサを利用した内視鏡やネットワークカメラ、全方位センサの撮影技術を映像の撮影方法に応用したグローブスクリーンなどの事業化を進めてきた。

同社では、ヴィジオンのベースであるロボビーMほか多様なロボットの製作・販売も手がけている。こうしたロボットは企業の研究開発用に、あるいは、NPOを通じて高等学校の情報科の授業などで活用されている。さらに二〇〇四年一一月、大和氏はこうしたロボット開発に携わる企業や個人を束ねてサイバーストーン社を設立し、ロボットのプロダクション「ROBO―PRO」の運営を開始した。ヴィジオンを含む五体の所属ロボットを、各種イベント、企業、教育現場などに「出演」させ、ロボットを科学教育や産業振興の側面からアピールするとともに、ロボットのエンターテイメント分野への本格的な参入も視野に入れている。

ＳＢＩ入所企業であること

全方位センサ関連技術の事業化からスタートした同社であるが、ロボット事業の積極的な展開が示すように、大和氏は単にアイデアや技術を売りものにして、特許権で商売をするのではなく、あくまでもモノづくりへのこだわりを持ち続けたいという。これまでの研究成果を具体的な用途に合わせて商品開発を行うために、今後も共同研究・共同開発を行うパートナー企業が必要だという。

さらなる発展が期待されるヴイストンであるが、ＳＢＩに入居していることのメリットを尋ねたところ、その返答は以下のようにまとめることができる。

① **企業信用**　ＳＢＩを公的機関が運営し実績もあることが、入所企業に対する信用を生みだしている。

② **パブリシティ**　ＳＢＩの広告機能は最大のメリットであり、報道関係者からの信頼も厚い。

③ **セキュリティ**　意外なメリットであるが、ＳＢＩでは機械警備システムを導入しており、二四時間体制での操業や研究が可能である。

④ **管理法人**　ＳＢＩは入所企業の管理者であり、経営・技術相談をはじめとする支援体制が整っている。

⑤ **マッチング支援**

⑥ **企業ネットワークに対する事務局機能**　他社との共同研究や共同事業を特徴とするヴイストンでは、各種支援体制のなかでも、ＳＢＩのマッチング支援および企業ネットワークの事務局としての機能を有効に活用している。

切磋琢磨できる。

⑦ **各種の勉強会**　業種を越えた仲間企業との勉強会などの交流を通じて、互いに刺激を与えながら

4　SBIの成果と課題

二〇〇三年のSBI資料によれば、SBIの入所企業二六社の雇用者数合計は一六三人、売上高合計は約一二億九八〇〇万円であった。それらの企業の入所時の売上高合計が約七億円であるので、SBIへの入所後の売上増加額はおよそ六億円、一社あたり二三〇〇万円の増収を達成していることになる。この六億円の売上増加が波及して、取引先に六〇〇人の雇用増加を生んでいるとSBIではみている。

また、SBIを退所した六五社のうち、現在も操業を続けている企業は五六社（存続率八六％）あるというが、この高い存続率がSBIの誇りになっている。また、OB企業の大阪府内定着率は七七％で、存続企業に限ると地元定着率は八九％となっている。上場企業は一社であるが、今後七社程度の上場が予想されており、大企業との取引関係を築いている会社も少なくない。

このように大阪産業の技術基盤を担い、大阪経済への刺激を与える企業を孵化させてきたSBIに対する評価は高く、日本新事業支援機関協議会（JANBO）は、二〇〇三年のJANBO　Awardsのビジネス・インキュベーション部門で、SBIを新事業創出機関賞に、農本氏を新事業創出支援賞に選出している。また、同時にヴイストンの大和社長が、JANBO新事業創出賞を受賞している。

以上のように、全国的に老舗インキュベータとしての知名度が高いSBIであるが、一方で、起業を

志す人たちの間では想像するほど知られていないという。したがってビジネスチャンスをうかがう起業家の卵たちの間での知名度を高めることが当面の課題の一つといえる。

わが国ではほとんど前例がなかったインキュベータであるが、SBIの成功もあって、大阪市では当初の構想どおり、近年数多くのインキュベータを市内各所に整備してきた。ただ、こうしたインキュベータの数を増やし、質も高めながらインキュベーションシステムを維持していくためには、IMやインストラクターなど専門知識や経験をもった人材をいかに育成していくかという新たな問題が生じてくる。二〇〇五年二月には、財団のほか、滋賀県産業支援プラザ、京都リサーチパークなど関西の自治体や民間のインキュベーション施設から約二〇人のIMが集まって関西IMネットワーク協議会が発足した。IMの連携によって効率的な起業支援を進める狙いであるが、IMの育成にも効果的なこうした取り組みは今後活発化していくものと思われる。

従来の日本社会では、良い大学を出て大企業に入ることが一つの大きな目標とされてきたが、近年の社会・経済的変化により価値観は多様化している。したがって学校においても、大企業に入るのも良いけれど、自らベンチャー企業を起こすという生き方もあるのだということを子どもたちに教えてほしいという声を耳にしたことを、学校教育に携わるものとして真摯に受けとめて、稿を閉じたい。

(1) 喜多俊夫「大阪市のインキュベータ構想」(日本インキュベーション研究会編『インキュベータ　企業創造の時代』日刊工業新聞社、一九八九年)。

第三章　「中小企業のまちすみだ」の新規創業支援

墨田区は東京都心から東へわずか約五キロと、都心に近接するわりには、昔ながらのコミュニティが今なお色濃く残る下町である。東京の東の副都心錦糸町、相撲のまち両国、永井荷風作『墨東綺譚』の舞台の向島などがある。大相撲、隅田川七福神、墨堤の桜並木、隅田川花火大会には、全国から多くの人々が訪れる。染色や瓦葺きなど、江戸時代からの地場産業に加え、明治維新以降には、メリヤス、マッチ、セルロイド、石けん、靴、時計、自転車、ビールなどの製造業が区南部の本所地区を中心に発展したことから、墨田区はまさに朝起きてから夜寝るまで私たちが毎日お世話になる日用消費財の発祥の地の一つとなっている。

このような墨田区を語るときに欠かせないことは、何といっても中小企業のまち、モノづくりのまちだということである。区内常住人口による従業者数のうち、就業先が墨田区内である人の割合は一九六〇年で八二・四%、現在でも五二・三%と高い（二〇〇〇年国勢調査）。まさに職住近接のまち、区内産業と区民生活が密着したまちであり、区内産業の発展なくして区民生活の向上はあり得ないといっても過言ではない。

墨田区内の全事業所数のうち、製造業事業所数の占める割合は二九・三%であり、これは東京都全体でみた場合と比較して約二・七倍の比率を示す（二〇〇一年事業所統計調査）。このことも、モノづくりのまちすみだを象徴しているといえる。

墨田区の面積は一三・七五平方キロと決して広いものではないが、ここに四八七四工場（二〇〇〇年工業統計調査）が集積している。一平方キロ当たりの工場数は三五四となり、おそらく全国でもトップレベルの密集度であろう。一工場当たりの平均従業者数は六・〇人で、東京都平均（一〇・〇人）、全国平均（一六・四人）を下回っているほか、三人以下が六〇・三%、九人以下が八九・〇%を占めており、いかに小規模企業が多いかがわかる。

業種別に見ると、繊維製品、皮革製品、ガラス製品といったファッション関連産業、プレス、金型、塗装、メッキといった機械金属関連産業、印刷関連産業をはじめ、紙器、ゴム、プラスチック製品製造業等、まさに多種多様な業種が集積している。

このように、多くの企業が小規模でありながらも、取引の緊密なネットワークが地域内外で構築され、全国からの多種多様な需要に応えている。大消費地東京に立地し、ネットワークをフルに活用して、ユーザーや消費者の欲求に即応したモノづくりを行えることが墨田区の工業の強みであるといえよう。

この章ではまず、このような特徴的な地域特性を持つ墨田区における産業振興施策を概観し、次に墨田区における興味深い新規創業支援の取組みについて紹介したい。それは言ってみれば、「産学官民」の連携による、空きビル、空き庁舎、空き校舎を活用した取り組みである。そして最後に、新規創業経営者、若手経営者や後継者が主体となって起こりつつある新たな動きの可能性について触れてみたい。

1　墨田区の産業振興施策

墨田区では昭和五〇年代という早い時期から産業振興施策に積極的に取り組んできた。産業振興の実施主体が基本的に国や都道府県の仕事と考えられていたなかで、区自らが主体的に取り組まざるを得ない厳しい状況に区内産業が置かれていたからである[(1)]。出発点は、東京二三区の区長の公選制が七四年に復活して以後始めて就任した山崎榮次郎区長（当時）のもと、中小企業の厳しい状況を把握するために、七七年に「製造業基本実態調査」を実施したことである。これは当時の係長級以上の区役所全職員が区内の全工場を訪問し対話をしながら、事前に送付した調査票を回収するものであった。これによって、職員は中小企業の経営の厳しさを実際に肌で感じ取ることとなった。これが土台となって七九年三月に「墨田区中小企業振興基本条例」を制定し、墨田区と中小企業と区民が連携をしながら中小企業の振興に取り組んでいくことを宣言した。七九年七月から一二月には中小企業振興対策調査委員会を開催し、さらに、同委員会の提言を具体化するための、区と区内産業人との協議の場として、八〇年に産業振興会議が設置された。産業振興会議は現在に至るまで二五年以上続き、墨田区の産業振興施策の生みの親といっても過言ではないほど重要な役割を果たしている。区市町村レベルでは全国初の設置となった、すみだ中小企業センター（八六年）をはじめ、すみだ産業会館（八三年）、工房サテライト（工場アパート、九二年）、国際ファッションセンター（二〇〇〇年）といった産業支援施設、さらには、小さな博物館運動、工房ショップ運動、マイスター運動を総称した「3M運動」（八五年）といった特徴的な施策は、中小企業振興対策調査委員会や産業振興会議から生まれたものである。墨田区工業振興マスタープラン（八七年三月）、墨田区産業振興プラン（九五年三月）も、関満博氏（現・一橋大学大学院教授）を座長とする産業振興会議における活発な議論を通じて策定されたものである。(2)

中小企業のまちすみだ新生プラン

このように積極的な産業振興施策を行ってきた一方で、長期化する景気の低迷とデフレの進行、立地環境の変化、後継者難などから区内の工場数は七〇年の九七〇三をピークに減少の一途をたどっている。二〇〇〇年に実施した「区内製造業等実態調査」によれば、九五年の調査と比較して、前年比売上げは「減少」とする企業が増え、経営意向も「拡大」意欲を持つ企業の割合が減少し、「現状維持」とする企業の割合が増えている。また、区内各地域で工場跡地がマンションになっている場合も少なくない。現在は、少子高齢化や情報化の進展、「世界の工場」中国の台頭、経営者の世代交代など、まさに日本の社会及び産業の歴史的転換期にあるといえ、墨田区に限らず、日本全体の先行きに不透明感や閉塞感が漂う状況となっている。

そこで墨田区では二〇〇三年四月、新たな時代に対応した〝中小企業のまちすみだ〟の将来展望とそれを実現するための施策を示す「中小企業のまちすみだ新生プラン」(3)を策定した。このプランは、表3—1に示すような三つの戦略により、「都市型新産業が集積するまちすみだ」を目指すこととしている。都市型新産業とは、すみだが持つモノづくりの技術・経験の蓄積と、すみだに集まる「知恵・意欲・感性」を活かし、新たな価値を創造する産業・企業を指す。後に紹介する「すみだベンチャーサテライト

表３－１　「中小企業のまちすみだ新生プラン」体系図

[目標] 都市型新産業が集積するまち　すみだ　をめざして

戦略１　地域産業を牽引する「フロンティア人材」の育成
・次代を担う後継者・若手企業人の育成と代替わりの促進
・技能や経験を有する人材が活躍する場の創出と発展・継承
・既存のものづくりの枠にとらわれない人材交流
・中小企業センターやＫＦＣ・ＩＦＩの専門的能力の強化

戦略２　経営革新を目指す企業群の創出
・区内企業が大学・行政機関等を活用できるしくみづくり
・新技術・新製品開発の支援を通じた経営改善
・直販等、販路開拓の支援を通じた経営改善
・アジアを中心とする海外との関係づくり
・製品開発・販路開拓への企業経験者の能力活用

戦略３　ニュービジネス・ベンチャー・新規創業企業等の集積の形成
・新規創業へのハード・ソフト両面からの支援と環境整備
・企業の成長段階に応じた支援と環境整備
・ソフト支援における企業経験者や大学の活用
・空いている工場・商店・教室・倉庫・住宅等の活用
・地域でのものづくりを支える環境整備
・戦略的な拠点形成とシティセールスの展開

オフィス」は戦略３「ニュービジネス・ベンチャー・新規創業企業等の集積の形成」の「新規創業へのハード・ソフト両面からの支援と環境整備」に位置づけられる。「ベンチャー・ＳＵＭＩＤＡ」は都の施設・施策であるが、同様のものと位置づけられよう。「すみだ産学官連携プラザ」は戦略２「経営革新を目指す企業群の創出」の「区内企業が大学・行政機関等を活用できるしくみづくり」に位置づけられる。

　次に、それぞれの施設ごとに紹介していくこととしたい。

すみだベンチャーサテライトオフィスは、二〇〇二年一〇月、墨田区と民間ビルオーナーの協働により創設された新規創業支援施設である。これまで産業振興施策の主たる実施主体であった行政に加えて、経済活動の主役である民間も産業振興のためのサポート役にまわり、官民協働で産業振興施策を展開するという点は、これからの時代における注目すべき点といえよう。

2　すみだベンチャーサテライトオフィス

廃業率を大幅に下回る創業率

事業所・企業統計調査をもとに、九六年から九九年までの三年間の墨田区における事業所の開業率及び廃業率を墨田区産業経済課が推計したところ、全業種では開業率が二・四〇%であるのに対し廃業率は五・一五%と二倍以上となった。業種別にみると、サービス業においては廃業率が四・一九%であるのに対して開業率は三・二二%と、比較的健闘している。しかし、製造業においては廃業率（四・八八%）が開業率（〇・八一%）の何と約六倍となった。

モノづくりのまちすみだの産業集積を維持・発展させていくためには、既存の企業の維持・発展はもちろんのこと、新規創業の創出も不可欠である。そこで、新規創業支援施策への積極的な取り組みが期待される。だが、財政状況が厳しい墨田区において、九九年四月に初当選を果たした山﨑昇区長は、区財政の収支均衡を図ることを第一の公約に掲げ、そのために徹底した行財政改革を推進するとともに、児童・生徒数の減少に伴う小中学校の統廃合の際に必要となる新校舎以外の施設建設を凍結するという方針を打ち出さざるを得なかった。新規創業支援施設を区が自ら建設することは、財政状況が好転するまで現実的には考えられない状況であった。他方、九〇年代後半から二〇〇〇年代前半にかけては、都内各地で大規模再開発等による新たなビルの建設が相次ぎ、既存のビルにおける空き室が大きな問題となってきた。このような状況のもとに考えられたのが、すみだベンチャーサテライトオフィスである。

オフィス設置補助と入居企業への家賃補助

すみだベンチャーサテライトオフィス事業は、オフィス設置補助と入居企業への家賃補助といった二つの要素から構成される。オフィス設置補助は、ＪＲ総武線・都営地下鉄大江戸線両国駅周辺地区の民間賃貸のオフィスビルを「すみだベンチャーサテライトオフィス」として認定し、スモールオフィスへの改修経費の二分の一（二百万円限度）をビルオーナーへ助成するものである。入居企業への家賃補助は、飲食業を除く情報関連等をはじめとした企業（個人を含む）で、①新規創業企業（新たに創業しようとする企業または創業後三年以内程度の企業で、今後成長の可能性が大きいと認められる企業）、②新分野開拓企業（従前の事業内容以外の分野を開拓しようとする企業で、成長の可能性が大きいと認められる企業）を対象に、賃料（敷金、礼金、共益費を除く）の二分の一または五万円のうちいずれか少ない額を補助するものである。補助期間は最長二年間である。

入居企業は、ハード面だけでなくソフト面における支援も受けることができる。まず、事業展開に関する各種相談業務を行うインキュベーションマネージャー（ＩＭ）が月一回程度派遣される。また、年二回開催される「ベンチャービジネス交流会」におけるビジネスプレゼンテーションや製品展示等を通して、販路拡大や新製品開発等のビジネスチャンスの拡大を図ることができる。国、東京都、各区、民間による創業支援事業等に関する情報提供も受けることができる。

この事業は、将来の地域経済を担う情報関連等をはじめとした新規創業企業や新分野進出企業の集積を図るため、ベンチャー育成に意欲を持つビルオーナーと区が連携し、スモールオフィスを設置するものである。ビルオーナーは区からの補助を受け、新規創業企業や新分野進出企業が入居する賃貸オフィスの整備を図ることで、自ら入居企業を探すことなく、空き室の解消を図ることが期待できる。また、入居企業の選定に区が関わるとともに区が家賃補助を行うことで、ビルオーナーは安定的な家賃収入を見込むことができる。区にとっては、区自らが施設を整備するよりも低コストかつ短期間で、新たな産業創出の場となる良質なオフィスの整備が可能となる。このように、民間ビルオーナーと区の双方にとってもメリットのある事業となっている。

このように、ビルオーナー（区民や企業）が主体的に区内産業の振興に参画し、さらには入居企業が相互に交流を持つことで、区民、企業、行政が連携した広がりのある産業振興施策の展開が可能となっている。現在二つのビル（計一六室）が認定を受け、一六社がほとんど常時入居している状況であるが、区では今後、この事業により創業した企業が区外に転出することなく区内でステップアップするための場を提供するなど、事業の継続・拡充を図ることとしている。

すみだベンチャーサテライトオフィスの概要

オフィスは、二〇〇二年六月に二棟を募集した。助成内容は、一棟につき、施設の整備にかかる費用、除去施設の除去費用、施設整備設計費用、共用商談スペース付帯設備設置費といった、改装に要する経費の二分の一（二百万円限度）としている。対象区域は、区内全域ではなく、両国周辺地区とし、概ねJR両国駅、都営大江戸線両国駅から徒歩一〇分以内の区域である。これは秋葉原から電車でわずか四分と交通便利な両国周辺地区にIT関連をはじめとする新規創業企業の集積がすでにみられることから、両国地区にさらなる集積を図ろうとするためである。

このようにしてビルを募集したところ、二者から応募があり、選定委員会を設けて選定した結果、この二者をすみだベンチャーサテライトオフィスとして認定することとなった。

一つは、すみだベンチャーサテライトオフィス「両国坂本ビル」（両国一丁目）で、JR両国駅から徒歩五分の地にあり、近辺の両国橋を渡ると、日本橋地区になるという立地のよい場所にある。自動車整備・販売等を行う㈱坂本自動車が所有するビルの六、七階に各五室ずつ、計一〇室が設置された。各オフィスの面積は二〇・〇〇～二六・五二㎡で、月額賃借料は九万～一一万円である。

もう一つは、すみだベンチャーサテライトオフィス「ノナカビル」（石原一丁目）で、都営地下鉄大江戸線両国駅から徒歩二分、国際ファッションセンターや都立産業技術研究所墨田庁舎から徒歩二分と、立地のよい場所にある。布・皮革の穴開け刃物など精密な組立部品を製造する㈱野中製作所が所有するビルの四、五階に各三室ずつ、計六室が設置された。各オフィスの面積は二三・四六～二七・五五㎡で、月額賃借料は一〇万～一二万円である。二つのビルのオフィスはともに完全個室、個別空調で、ADSLのインターネット環境（ノナカビルはCATV環境も備える）を備え、各フロアに商談コーナー、男女別共用トイレ、給湯室がそれぞれ設けられている。

以上のようなビルの選定と並行して、区では入居企業の選定を行った。入居者の決定は、区、ビルオーナー、中小企業診断士、金融機関、商工会議所から構成される選考会を開催して行った。

成長を続ける入居企業

両国坂本ビルに一〇社、ノナカビルに六社がほぼ常時入居している状態が続いている。

すみだベンチャーサテライトオフィス設置当初の二〇〇二年一〇～一一月に入居開始した企業で入居を継続した企業は、二〇〇四年九～一〇月に区からの家賃補助期間が終了した。ここで、より広いオフィスを求めて転出する企業以外の企業は、家賃補助なしで入居を継続するか、より家賃の安い場所を求めて転出するかの選択を迫られるが、家賃補助なしで入居を継続する企業が多い状況となっている。

両国坂本ビルでは、区からの家賃補助期間が終了する二年間を区切りとして、二〇〇四年九月に転出した企業二社のうち、駐車場に関するコンサルタントを行う企業は、同じ両国地域でより広いオフィスを求めて転出した。人材派遣を行う企業、お茶抽出物の輸入販売を行う企業は、入居三年目の活動を続けている。

ノナカビルでは、居宅介護支援を行う企業、住宅リフォームサポートを行う企業、化学工業からの第二創業を果たし、翻訳・通訳コンサルを行う企業、振動騒音技術や中国ビジネスに関するコンサルタントを行う企業、電話交換機の販売・取付けを行う企業が、入居三年目の活動を続けている。

墨田区としては当然のことながら、これまで支援してきた入居企業が区外に転出することなく、より広い場所を求めての、区内の別の場所へのステップアップや、ベンチャーサテライトオフィスへの入居継続を期待している。そういう意味では、二年間の家賃補助期間終了後も入居を継続している企業の割合が比較的高い現状を見ると、このベンチャーサテライトオフィスは、創業間もない企業の立ち上がりに大きな役割を果たしているといえよう。

すみだベンチャーサテライトオフィスの今後

すみだベンチャーサテライトオフィスについて、「中小企業のまちすみだ新生プラン」においては、入居企業、ビルオーナーの双方にメリットがある形での展開を継続・拡充することとしており、その際の手法として次のようなことも考慮することとしている。

① オフィスだけでなく、空いている工場、店舗、教室、倉庫、住居等も活用し、製販一体の工房ショップや、住居とオフィスの一体貸しなど、新たな形態の展開を図る。

② 一つのビルに同一業種や同一業態（ファッション系、ＩＴ関係、生産関係、海外からの受入れ企業等）の企業を集積させるなど、特徴を持たせたビルを創出し、それぞれのビルの特徴を明確にする。

③ たとえば、コンサルティング企業の入居により、専門知識を活用した相談窓口の設置、産学官連携の拠点化、企業間交流の実施など、入居企業だけでなく区内企業も活用できる環境を整備する。

④ 共用スペースの充実、各社の情報提供、交流会開催など、入居者同士の交流を促す取組みを進める。

現在のところ、ベンチャーサテライトオフィスの拡充の予定は具体化されていないが、今後拡充する際には、以上のようなことが考慮されることとなろう。

3 ベンチャー・SUMIDA

墨田区における新規創業支援施設の二つ目として、ベンチャー・SUMIDAを紹介したい。ベンチャー・SUMIDAは、東京都が所有する空き庁舎（旧東京都立繊維工業試験場江東分場）を活用した新規創業支援施設で、二〇〇〇年一一月に入居が開始された。繊維産業の集積地である墨田区には、アパレル技術、ニット技術や繊維製品の機能評価等に関する試験、研究、指導相談などの業務を行う旧東京都立繊維工業試験場江東分場が本所一丁目に立地していたが、二〇〇〇年五月に江東分場秋葉原分室とともに、新たにオープンした国際ファッションセンタービル（横網一丁目）に移転し、東京都立産業技術研究所墨田庁舎として新たなスタートを切ることになった。これに伴い旧江東分場の建物は空き庁舎となったが、新規創業支援に力を入れるという東京都の方針により、民間等へ売却せずに改修し、創業支援施設として再出発することになった。

東京都が所有する空き庁舎を活用した新規創業支援施設としてはこのほかに、旧繊維工業試験場資料室を活用したベンチャー・HACHIOJIが八王子市内に一一室（平均面積一六・六㎡）設けられ、二〇〇一年一二月に入居が開始された。また、旧職業能力開発研修所を活用したベンチャー・KANDAが千代田区内に三〇室（平均面積一八・五㎡）設けられ、二〇〇二年三月に入居が開始された。ベンチャー・ＳＵＭＩＤＡはこれらに先立ち、東京都が所有する空き庁舎を活用した新規創業支援施設の第一号である。

施設の概要

入居対象者は、①東京都内に住所を有する者または都内に事業所がある中小企業者で、現に事務所の確保が必要と認められる者で、かつ、②成長が期待される有望分野で創業を図ろうとする者または創業一年未満の中小企業者となっている。入居期間は二年以内であるが、再審査の上、一年延長を認めることができることとなっている。

オフィスは一〇・〇〇〜二二・二五㎡の個室が二二室あり、共同利用施設として会議室や接客スペースが利用できる。

この施設の最大の特徴は、何といっても賃借料が無料であることであろう。共益費（㎡・月あたり一八五円）と光熱水費（実費）だけを負担すればよいのであるから、創業して間もない入居企業にとっては、有難いものとなっている。ただし、入居期間中に利益が発生した場合は、税引き前当期利益の一〇％を納付する義務がある。施設は東京都が所有するが、入居者の募集・審査・決定、入居者に対する相談指導、施設の管理業務等は財団法人東京都中小企業振興公社が受託して行っている。

入居企業は、ハード面における支援のほか、セミナーや交流会への参加、経営や財務の専門家による出張相談など、ソフト面での支援も受けられるものとなっている。墨田区が年二回開催するベンチャービジネス交流会にも、多くの企業が参加し、プレゼンテーションや商品展示を行ったりしている。

区内企業との連携を深める入居企業

二〇〇一年に創業し、二〇〇四年末までに入居していた㈲シンクプラスは、広告企画制作、キャンペーン企画、ノベルティグッズ制作を行う企業である。同社の取組みで興味深いのは、ベンチャービジネス交流会に積極的に参加しビジネスプレゼンテーションや商品の展示を行うだけにとどまらず、モノづくりのまちすみだにおける立地メリットを最大限に活用して、区内のモノづくり企業とのネットワークを形成した活動を行っていることである。青木美幸社長がすみだ中小企業センター職員に勧められて、共同受注グループ「ラッシュすみだ」の会合に参加したのが契機となり、同グループの一員となった。ラッシュすみだのメンバーは、金属加工を中心とするモノづくり企業であり、高度な技術を持つ一方、デザイン面では得意としない面を持つ。そこにデザイナーである青木氏が加わることで、相乗効果が生まれる。これまでグループのホームページ制作や、ラッシュすみだブランドでのオリジナルクリップの開発を手がけている。クリップは区役所内の墨田区文化観光協会で販売されているほか、二〇〇五年一月に開催された、墨田区と早稲田大学との連携二周年記念イベントにおいて記念品として参加者に配布された。

羽ばたくベンチャー・SUMIDAの会

また、興味深いのは、ベンチャー・SUMIDA入居企業が二〇〇四年夏に「羽ばたくベンチャー・SUMIDAの会」を発足させ、同年一〇月には、施設公開や地元の中学生を対象とした職業体験の受入れなどを行ったことである。施設公開では、単に事務室を開放して中学生や一般人の訪問を受け入れるだけでなく、「何でも話します！　ベンチャー起業家の全て」と題したディスカッションも行った。中学生にも興味を持ってもらえるよう、デザイン面に十分配慮した案内パンフレットは青木氏が作成した。施設公開の直接の主催者は財団法人東京都中小企業振興公社であるが、入居企業の協力は欠かせない。入居企業が会を結成し一丸となって施設公開に協力したことは素晴らしい取組みであると思う。

二〇〇四年末には、ベンチャー・ＳＵＭＩＤＡ入居期間（最大三年間）の満了に伴って、当初からの入居企業は転出せざるを得ない状況となったが、「羽ばたくベンチャー・ＳＵＭＩＤＡの会」入居企業が中心となって、共同で区内の別の場所に事務所を借りることにつながった。

建築の企画・設計や医療・福祉施設の建設に関するコンサルティング業務等を行う㈲かなや設計の金谷直政社長が中心となって提案を行い、両国二丁目にあるＴＫＦ（東京ニットファッション工業組合）第二会館ビル内のワンフロアをパーティションで仕切る形で、㈲かなや設計をはじめとする五社（ベンチャー・ＳＵＭＩＤＡ入居企業以外の企業を含む）が移転・入居することとなった。墨田区としても、区内企業の取引先を獲得したベンチャー企業が区外へ転出することなく入居期間満了後も区内でのステップアップを図ることは、願ってもないことである。

4　すみだ産学官連携プラザ

すみだ産学官連携プラザは、墨田区と早稲田大学との産学官連携の拠点となる施設である。児童数の減少に伴う統廃合により廃校となった旧西吾嬬小学校（文花一丁目）の校舎一階部分の改修、整備により、二〇〇三年一〇月に開設された。

ここではまず、墨田区と早稲田大学との連携について触れておきたい(4)。

大学が存在しない墨田区と早稲田大学の包括協定

墨田区には二三万人もの人口がいながら大学や短期大学が一つも存在しない。そのような墨田区が地域の活性化を図ることを目的として、二〇〇二年一二月、早稲田大学と包括的な事業連携協定を締結するに至ったことは画期的なことであった。包括的という点もポイントである。これまで大学と自治体との連携事例を全国的にみると、産業などの個別分野に限定されたものが多い。しかし、この協定の最大の特徴は、産業だけでなく、文化、教育、まちづくり、学術など、幅広い分野で協力して事業を推進するもので、こうしたケースは当時、全国でも初めてのものであった。

墨田区の連携の相手方が早稲田大学であることについては、二〇〇一年に、すみだ中小企業センターで開催した「すみだものづくり二一世紀フェア」に、早稲田大学のＴＬＯ（大学が保有する技術等の特許を企業へ移転する機関）である早稲田大学産学官研究推進センターが参加したことがきっかけとなった。墨田区は早稲田大学が持つ「知」を、早稲田大学は墨田区が持つ地域のさまざまな資源を求め、相互に検討を重ねた結果、お互いの思いが合致し、協定締結に至ったわけである。

協定締結のきっかけが産業分野であったことから、当面は産業面での取り組みが主体となるものの、包括協定であることから、産業以外の分野についても今後順次連携を検討し、取り組んでいく予定と

写真３—１　すみだ産学官連携プラザ

なっている。協定の期間は当面五年間とするものの、五年経過時にはそれまでの成果を検証しつつ、新たな視点で協定を更新することとしている。

すみだ産学官連携プラザの開設

二〇〇三年一〇月には、早稲田大学との連携の強化を図るとともに、より一層産学官連携を推進していくための拠点施設として、旧西吾嬬小学校の校舎の一部を改修して、産学官連携プラザが開設された。プラザは、産学官交流サロン、会議室（講習室）、イノベーション・ルーム、事務室、早稲田大学すみだサテライトラボラトリー（八室）から構成される。

「産学官交流サロン」は、企画開発に意欲を持つ区内企業と大学の研究スタッフとの交流の場として活用され、「イノベーションルーム」では、大学が保有する技術案件の中から中小企業にも取り組みやすいものを紹介している。墨田区の製造業が、従来の下請加工型から高付加価値な技術・製品を持つ企画開発型の企業に脱却していくため、研究開発への意欲を持つ企業ニーズと、大学技術移転機関（ＴＬＯ）や特許流通市場に蓄積されている優秀な技術シーズをマッチングさせ、研究・試作・商品化へと展開していくための支援を目的に展開している。二〇〇三年度には、早稲田大学の客員研究員が早稲田大学ＴＬＯに寄付した用途特許等を、すみだ中小企業センターのコーディネート（技術・取引）により区内企業への技術移転を図った。

すみだ産学官連携クラブの発足

二〇〇三年一二月には、企業の持つ技術と大学の持つ特許等の知を結びつけ、企業の経営革新を図ることを目的として、早稲田大学との共同研究開発に意欲を持つ区内企業人二七人により、産学官連携クラブが発足した。

企業と大学の共同研究開発といっても、これまでの全国的な事例を見ると、必ずしもいきなり実を結ぶわけではないことから、初回の会合ではまず、心と心のふれあいで大学教授の顔が見える交流を進めよう、若い感性をモノづくりに生かすため学生たちとの幅広い交流で発想の転換を図っていこう、お互いの企業訪問やメーリングリストで自由に意見交換をして仲間同士の心が通う交流を進めていこうなどの意見が出された。早速、会員企業の工場見学、理工学部を訪問するキャンパスツアーや、隅田川沿いでの花見など、企業同士や大学と企業の交流を深める機会が設定された。今後、こうした関係をベースに、具体的な成果が一つひとつ生み出されることが期待される。

二〇〇四年度は風・光・熱力によるマルチマイクロ発電機の開発に着手し、二〇〇五年度は区役所庁舎前にある勝海舟像のライトアップや災害時の安全灯への活用などを目指している。

早稲田大学すみだサテライトラボラトリー

すみだ産学官連携プラザのおよそ半分は、墨田区が早稲田大学に有償で貸し出し、早稲田大学すみだサテライトラボラトリーとして、八つの研究室や早稲田大学発ベンチャー企業が入居するスモールオフィスとなっている。ここにはまず、ＴＬＯであり、墨田区と早稲田大学との連携の窓口となっている早稲田大学研究推進部が入居している。

次に、いくつかの入居企業・研究室を紹介したい。㈱セルフウィングは、次代を担う子どもを対象に起業家精神を醸成する教育を実践する大学発ベンチャー企業である。墨田区の小学生を対象とした起業家教育を墨田区の中小企業と連携して行っている。また、大手旅行会社や墨田区の中小企業と連携して、日本全国からの修学旅行生を対象としたモノづくり体験教室を行っている。

㈲フロンティアマテリアルは、電磁波シールド、電池材料、ナノ材料など新素材に関する講座の講師を務め、産業分野の「知」を区内企業に伝える役目を果たしているほか、産学官連携クラブが行うマルチマイクロ発電への取組みへ参画している。

宮崎里司研究所（早稲田大学大学院日本語教育研究科）は、相撲部屋の多い墨田区をフィールドワークとして、外国人力士はなぜ日本語がうまいかなどの研究を行っている。相撲部屋の女将さんや旭鷲山関をゲストに招いての多文化共生セミナーのコーディネーターを務めたりしている。

早稲田ビジネスパートナーズ㈱は、早稲田大学ビジネススクールＭＢＡコースを修了した多田款氏が二〇〇四年に設立した企業である。ビジネススクール時代にコンサルティングを行った㈱浜野製作所に正規の授業期間終了後も毎週夜一一時まで通いながら浜野慶一社長や従業員との議論を繰り返すことを通じて㈱浜野製作所の利益率を急上昇させた実績をもとに、二〇〇四年度は区から企業経営革新支援事業を受託し、区内企業の経営革新を目指したコンサルティングを行っている。

以上のような研究室や大学発ベンチャー企業は、区内企業や区民との連携を深めながら、まさにすみだをフィールドとした地域密着の活動を展開しているのである。

5　まち全体で新規創業を応援する

墨田区には、昭和三〇年代を彷彿とさせるような昔懐かしい店が今でも数多く存在する。喫茶店は中小企業の応接室や商談場所の役割を果たしていた。惣菜店は中小企業の社長の夫人が残業する従業員の夕食を調達するために通っていたものと思われる。すると、喫茶店、定食屋、一杯飲み屋、惣菜店など、どれも中小企業のまちには欠かせないものであったといえよう。これらに対しては、時代に取り残されたというマイナス評価をする向きもあろうが、最近のフランチャイズチェーンにはない良さもある。ここでは、昔ながらの喫茶店も新規創業支援の主体に十分なり得ることを紹介したい。

八〇年に開始し、八七年以降は関満博氏が座長を務める産業振興会議工業部会の取組みには毎年興味深いものがある。二〇〇四年度は「新しいすみだのイメージづくり」をテーマに、オリジナルTシャツ制作、グラフィックデザイナー、音楽・アクセサリー制作、保育園経営など、二〇～三〇歳代を中心とする一二人の若手経営者がアイデアを出し合った。すると、墨田区には昔ながらの喫茶店が多く、自宅をオフィスとしているベンチャー企業経営者にとっては、喫茶店が顧客との打ち合わせ場所として最適であるという。そこで、起業家の打ち合わせ場所や商談場所として積極的に協力してくれる喫茶店を区が探してそれを紹介したらどうか、しかもその喫茶店がビジネスの場としてだけでなく、地域の人と交流できる場として壁新聞や掲示板などで地域の情報を発信し、区への興味を持ってもらえるよう協力を依頼したらどうかという提案があった。また、起業支援だけでなく「起住支援」、すなわち、起業を目指して墨田区に移住しようとする人たちが試しに住んでみることに対する支援を行ってはどうかという提案があった。

このようにコピー機とカウンターがあり、パソコンが使える喫茶店がまち全体にあれば、まち全体で起業を応援するまち、起業しやすいまちとなるであろう。区としては、いただいた貴重な提案を何とかして具体化していきたいところである。

中小企業のまちすみだの新生に向けて

これまで紹介してきたように、墨田区では産官学民が連携して空きビル、空き庁舎、空き校舎を活用した取組みなどを行っている。そして最近の墨田区では、新規創業の企業経営者や後継者など、次代を担う若手経営者の活躍が顕在化しつつある。二〇〇二年以降の産業振興会議工業部会委員や、「中小企業のまちすみだ新生プラン」に掲げた重点事業の一つとして二〇〇四年に開講された後継者向けビジネススクール「フロンティアすみだ塾」（塾頭・関満博氏）の塾生は、二〇～三〇歳代を中心とする若手経営者、後継者である。本稿では紹介できなかったが、国際ファッションセンター内の新規創業支援施設「クリエイティブスタジオ」や、先に紹介した、すみだベンチャーサテライトオフィス、ベンチャー・SUMIDAの入居者や卒業生も若手経営者が多い。これまで区ではそれぞれのネットワークづくりに取り組んできたが、今後はこれらを包括するネットワークづくりが欠かせない。

ちょうど二〇〇五年一月には、「明日のすみだを担う大新年会」と題して、墨田区内外の若手経営者が百人ほど集まり交流を深める絶好の機会があった。また、墨田区の若手経営者は後継者育成塾の活動の一環などの形で東京都三鷹市、新潟県柏崎市、富山県高岡市、島根県東出雲町・斐川町・奥出雲町（旧、横田町）の若手経営者との交流を行っている。このような地域を越えた交流を通じて、次代を担う若手経営者同士が切磋琢磨しながら勇気と希望を持って明日の経営に立ち向かうことができれば、すみだの明日も明るいものが見えてくるであろう。現在のすみだはまさにそのような状況にあるといえる。十年先のすみだを担う人材が次々と現れ始めており、三年後、五年後が楽しみでもある。若手経営者が元気に活躍するまちすみだ、新規創業をまち全体で応援するまちすみだ、他地域の人と連携しながら新たな時代を切り拓くまちすみだを目指したい。これからはまさに産学官民連携の姿勢が求められ、区民や企業が主役であるとともに、行政は地域経営のプロデューサー役となることがより一層求められてくるに違いない。

（1）墨田区における産業の発展過程、墨田区の産業振興施策の変遷については、関満博『地域経済と中小企業』ちくま新書、一九九五年、八九〜一三六ページ、を参照。

（2）墨田区の産業振興施策の変遷については、中山誠「すみだ中小企業センター」（関満博・山田伸顯編『地域振興と産業支援施設』新評論、一九九七年）を参照。
（3）墨田区『中小企業のまちすみだ新生プラン』二〇〇三年。
（4）墨田区と早稲田大学との包括協定に基づく取組みについては、友成真一『「現場」でつながる！　地域と大学』、東洋経済新報社、二〇〇四年、一四六〜一七五ページ、が詳しい。

第四章　「コラボほっかいどう」の試み

――産業クラスターの創造を目指して

北海道は江戸時代から明治、大正、昭和と国内の資源供給基地として位置づけられてきた。資源とは、昆布やニシンといった水産資源であり、林産資源や石炭という時代もあった。また、広大な農地を活用した食糧供給基地としての役割も担ってきた。製造業では、食料品や木工品などの地場産業型に加え、製紙、鉄鋼など大工場を抱える素材型産業がリーディング産業であった。

これらの産業は、資源の利用価値が高い間は景気が良いが、資源が枯渇したり、新技術が登場することなどによりその地位は失われていった。小樽のニシン、北見のハッカ、夕張の炭坑などかつては繁栄を極めた時代もあったが、今は見る影もない。また、鉄鋼などの重厚長大の素材型産業も産業構造転換の波に飲まれ、勢いを失っていく。このような資源依存型産業に支えられてきた北海道は、結果として、高度経済成長期の後半以降の日本経済を牽引している加工組立型産業を発展させることができず、現在厳しい経済状況に直面している。

このような状況に対し、北海道では新しい産業振興の必要性を早くから意識し、地域産業クラスターへの取り組みを早い時期から行ってきた。以下では、産業クラスター創造活動の拠点となっている産学官連携施設「コラボほっかいどう」を通して、今後の北海道の産業振興について考えてみたい。

表4―1　北海道経済の主要指標

項目	単位	年	北海道	全国	シェア(%)
面積	1,000㎢	2000	83	378	22.0
人口	10,000人	2001	568	12,629	4.5
事業所数	1,000事業所	2001	271	6,350	4.3
道（国）内総生産［名目］	10億円	2001	20,819	499,724	4.2
農業粗生産額	10億円	2001	1,046	8,852	11.8
漁業・養殖業生産額	10億円	2001	287	1,668	17.2
製造品出荷額等	10億円	2001	5,608	286,667	2.0
公共工事請負金額	10億円	2003	1,207	15,459	7.8
小売業年間販売額	10億円	2002	6,676	135,109	4.9
ホテル・旅館客室数	室	2001	49,735	637,850	7.8

資料：『金融経済統計月報』『国勢調査報告』『県民経済計算年報』等。

1　「コラボほっかいどう」の誕生

北海道の産業構造

北海道の面積は、八万三〇〇〇平方キロ、国土の二二％を占めるが、人口は五六八万人にすぎず、全国の四・五％にとどまっている。このような、未開の大地としての北海道は、明治期以降、わが国のフロンティアとして注目を集め、また、水産資源、林産資源、石炭などの資源に恵まれていたため、これら資源の供給基地として国策の中に位置づけられていった。

しかし、戦後の高度経済成長と自由貿易体制下の世界経済の発展は、日本を加工貿易立国へと導き、資源供給基地としての北海道の存在意義は薄れていく。このような時代の変化に伴う産業構造転換への対応が遅れたため、公共投資への依存度が高く、北海道は国内の他の地域に比較して、日本の主力産業である加工組立型製造業の蓄積が少ない状況となっている。

北海道の二〇〇一年の製造品出荷額は、全国の二・〇％にすぎず、人口構成比の半分にも満たない。二〇〇〇年の製造業就業者の構成比は、全国平均一九・四％の半分以下の九・四％であり、これは、建設業の一二・五％よりも三・一ポイント低い。一九九〇年には同じ構成比が、製造業は一二・四％、建設業は一〇・七％であったことからみると、製造業から建設業へ就業者がシフトしたと考えられる。この十年間の製造業就業者の減少と建設業就業者の増加については、全国ベースでも同様の動きがみられるものの、北海道の建設業就業者の増加はかなり大きい[1]。これは、公共事業依存型の産業構造が影響しているものと考えられる。

次に、製造業の特色を知るために、業種別の特化係数（二〇〇一年）をみてみると、食料品製造業が四・〇と高い値を示すなど消費関連型産業全体で二・九とウェイトが高い[2]。また、紙・パルプ（特化係数三・一）を含む素材型は一・二とやや高めになっている。一方、電気機械、輸送用機械を中心とする加工組立型産業の特化係数は〇・四にすぎず、これら産業の立ち後れている様子が分かる。

このような産業構造の特色は戦後大きく変わってはいない。北海道では七〇年代以降、苫小牧東部開発を筆頭とする工業基地開発による企業誘致を進めてきたが、オイルショック以降の景気の低迷、あるいは重厚長大型産業から加工組立型産業への産業構造の転換に対応できず、誘致は十分に進まなかった。そのため、八〇年代の中頃からは誘致に加えて、内発型の産業振興に取り組み、道内各地において産学官連携を促進するテクノセンター等が設立される。その結果、異業種交流が盛んに行われるようになり、一部地域では新たな産業創造への期待が高まる契機となった。これらの活動は、北海道全体の製造業の産業基盤の脆弱さや金融等の支援機能が十分発揮されなかったことなどが障害となって、なかなか大きな成果とは結びつかなかったが、これらの経験が、後の産業クラスター創造活動へとつながる一つのベースとなったと考えられる。

産業クラスター創造活動の始まり

九五年に北海道経済連合会は、フィンランド等の北欧で成功した産業クラスター創造戦略をモデルにした新たな産業振興戦略に関する調査を実施し、その中から北海道における産業クラスター創造活動が発案された(3)。

翌九六年二月には、北海道経済連合会は、北海道商工会議所連合会、北海道経済同友会、北海道経営者協会に呼びかけを行い「北海道産業クラスター創造研究会」（事務局・北海道経済連合会）を発足させ、八月には早くも『北海道経済の自立に向けて』というビジョンを発表している。その後、同研究会は、このビジョンを受ける形で、九七年五月に後の産業クラスター創造活動への基本戦略となる『北海道産業クラスター創造に向けて（中間報告）』を発表するなど、「産業クラスター」をキーワードにした、北海道における新しい産業創造に向けた取り組みがにわかに現実味を帯びていくのである。

北海道における産業クラスター創造活動と従来の産業施策等との違いを要約すると以下の三点に集約される（『北海道産業クラスター創造に向けて（中間報告）』より）。

① 国や行政区域単位ではなく地域が単位であり、民間が主体の産業戦略である。

② 地域産業を群れとして把握し、各種産業間の連携、産学官連携を強め、そこから新たなビジネス創造を展開していくという「連携型の内発的産業振興戦略」である。

③ 産業クラスター創造活動は、各分野で個別に展開しているベンチャー支援、科学・技術振興、各種産業振興、地域振興等を包含した総合的な活動である。

一方、九六年一二月に、北海道内の産学官連携をより一層促進するため、北海道産学官のトップ（北海道通商産業局長、北海道知事、札幌市長、北海道大学総長、小樽商科大学学長、道内経済四団体のトップ）による「一九九六北海道産業基盤フォーラム」が発足し、北海道の産学官の産業振興にあたっての基本的な方針と具体的な方策について本格的な協議が行われた。そこでは、産学官共同利用研究施設の設置の必要性が認識され、九七年七月に産学官連携施設である「北海道産学官融合センター（仮称）」（後の「北海道産学官協働センター」、以下「コラボほっかいどう」）の北海道大学構内への建設が提案された。これは、既に『北海道産業クラスター創造に向けて（中間報告）』において産学官が協働できるインフラとして提唱されていたもので、国立大学構内に設置する全国初の産学官連携施設となった。

この後、「コラボほっかいどう」は、九八年一一月に　北海道大学構内への設置にかかる研究交流促進法に基づく認定および国有財産法ならびに研究交流促進法に基づく国有財産使用許可を受け（同法適用第一号）、翌九九年に着工、二〇〇〇年五月に運営を開始している。

産業クラスター創造事業を推進するノーステック財団

産業クラスター創造事業を実現するため、九八年に㈶北海道地域技術振興センター（当時）内にクラスター事業部が設置された。北海道電力等の地元企業により設立されていた㈶北海道地域技術振興センターは、この時点で既に北海道内の地域における技術振興事業を展開しており、「北海道産業クラスター創造研究会」を引き継ぐ形で産業クラスター創造事業の具体化にあたることとなる。開始当初にク

図4―1　北海道産業クラスター創造活動の基本戦略

1. 大目標：北海道経済の自立に向けた産業クラスターの形成
2. 目標：「産業間の結びつきを強める」、「技術・ノウハウ・人材を蓄積する」
3. 焦点分野（コアとなる可能性のある分野）：「食住遊」分野
4. 産業クラスター創造の進め方：道内各地域から事業化プロジェクトを立ち上げる
5. 事業化プロジェクトの立ち上げ方法：4つの工程
   (1) 通常の企業間ビジネスの支援
   (2) ワークショップによるビジネスづくり
      a. 全道で産業クラスターの課題を探りプロジェクトを編み出す方法
      b. 地域で地元企業ニーズ等をもとに事業をつくる方法
   (3) 起業支援
   (4) R&Dからのビジネスづくり
6. プロジェクトによる協働を促進する仕組み：3つの仕組み
   (1) 産業クラスター創造推進機構
   (2) 産学官協働の三層ネットワーク（産学官が出会いR&Dを推進する場）
   (3) R&Dパーク（協働活動の拠点となる空間）

資料：北海道産業クラスター創造研究会発表資料（1997年5月）より作成。

ラスター事業部が行っていた活動は、北海道内各地域（当初一二カ所、現在二八カ所）に発足したクラスターづくりを目指す地域のクラスター研究会をネットワークし、これらの活動に対する支援を行うことと、後述するクラスター・プロジェクトの事業化支援を行うことであった。これらに加え、「コラボほっかいどう」の実現に向けた作業が行われた。

㈶北海道地域技術振興センターは、二〇〇一年七月に北海道庁の関係団体であり、地域の研究開発支援事業を行っていた㈶北海道科学・産業技術振興財団と統合し、現在の事業実施主体である㈶北海道科学技術総合振興センター（以下「ノーステック財団」という）として再発足している。

「北海道産業クラスター創造研究会」からの流れを汲むノーステック財団は、現在、北海道における科学技術および産業技術の振興に関して基礎研究から事業化・実用化まで一貫した支援ができる体制を備え、産業クラスター創造事業に以下の重点方針で取り組んでいる（図４―１）。

①　北海道〝発〟の事業創造

②　産業間、地域間、産学官連携による技術・ノウハウ・取引・情報の蓄積

③　地域産業クラスター創造活動の自立に向けた支援

④　リサーチ＆ビジネスパークにおける研究成果の道内への移転・活用

ノーステック財団は、これら方針に基づいて、「食」「住」「遊」を重点分野とするクラスター・プロジェクトの推進、地域の参加意識醸成を目的とした地域の仕組み作り、産学官連携を充実させるためのコーディネート機能の発揮などに取り組んでおり、これらの活動の中心施設が「コラボほっかいどう」となっている。

2　「コラボほっかいどう」からみた産業クラスター創造活動

「コラボほっかいどう」の概要

二〇〇〇年五月から運営を開始した「コラボほっかいどう」（正式名称「北海道産学官協働センター」）は、地域産業界が大学、公設試験研究機関等の研究成果を活用するために設置した産学官共同利用研究施設と位置づけられ、現在はノーステック財団が運営を行っている。

「コラボほっかいどう」は、北海道大学北キャンパス内に位置しており、延べ床面積一九九一㎡、鉄筋コンクリート造三階建ての建物には、産学官の共同研究を推進し、大学等の研究成果の実用化・事業

写真4—1　「コラボほっかいどう」の外観

化を促進するための七つの共同研究室（一室面積五一～一〇三・五㎡）と三つの共同研究スペースのほか、大小の会議室、交流スペースなどが設けられている。

この施設を利用して「コラボほっかいどう」では、①産学官が連携・交流できるような〝場〟や〝機会〟の提供、②産学官共同研究のコーディネートおよび共同研究開発の企画・立案・調整、③共同研究成果を事業化する際の諸権利の確保、経営戦略の立案、事業化計画の策定、などの事業が行われている。

共同研究室における産学官共同研究については、北海道産業クラスター創造活動の基本戦略に則って、食品・バイオ系、食関連機器システム系、環境・リサイクル系、住・生活関連系、健康・福祉系（ハード）、情報通信系、健康・福祉系（ソフト）の七分野に特化している。現在、北海道大学大学院西村紳一郎教授によるバイオ系の研究、地元のＩＴ企業㈱ビー・ユー・ジーによるユニバーサルデザインに関する研究など、七つの共同研究が行われている。

「コラボほっかいどう」の事業化支援活動

「コラボほっかいどう」は、共同研究をメインに事業活動を始めているが、現状、もっとも特徴的な活動は、この共同研究室の利用ではなく、クラスタープロジェクトの事業化支援活動である。

産業クラスター創造事業の当初から始められたクラスタープロジェクト事業化支援活動による成果は、開始年の九八年に事業化した案件は一件だったが、「コラボほっかいどう」開業の二〇〇〇年度頃から順調に増加し、二〇〇三年度中に二〇件、二〇〇三年度末までの累計で六五件に達している。事業化に成功したプロジェクトからの売上は合計二〇億五〇〇〇万円に達している。

これまで事業化された主な製品は、酪農管理システムのような農業機械関係、廃棄物処理機械のような環境関連が多く、教育関連のデジタルコンテンツ、食品開発等も行われており、積雪寒冷など北海道の特性を生かした開発も含まれている。

事業支援活動は企業等からの案件相談に始まる。企業との面談で事業化が見込まれそうだと地域コーディネーターに判断された案件については、技術的なアドバイザーとなる大学の教員、アドバイザーと企業とをコーディネーションするコーディネーター、それぞれ専門性と経験を有するノーステック財団所属の七人の地域コーディネーターが徹底的な議論を重ね、可能性や課題を探り、事業化の可能性を追求する。この過程で企業との議論も十分に行い、プロジェクトの方向性を決めていく。

この過程を経て、三分の一程度がプロジェクト推進段階に入っていく。この段階で実際に製品等が出てくるが、出てきた課題についても、アドバイザーの指導などを通じてフォローを行い、プロジェクトをさらに事業化段階に進めていく。

まだ、一件あたりの売り上げなど成果は小粒ではあるが、企画段階で多くの議論を重ねていることから、プロジェクトが事業化に至る確率はかなり高い。また、中小企業にとっては第三者から多角的な評価を得られる良い機会、経験となっており、当該プロジェクト以外の経営への波及効果もみられ、この事業化支援活動は今後も着実な成果が見込まれる。

活動評価――ソフトをどのように評価するか

事業化支援活動はコラボの開業以前から二年ほど先行して始まっているという経緯もあるが、共同研究からめぼしい成果がまだ出てきていないことに比較すると、その立ち上がりの事業実績を評価することができる。

共同研究との比較で言えば、共同研究がかなり先端的な取り組みを行っているのに対し、事業化プロジェクトではアイデアは新しいが、どちらかというと既存技術の組み合わせという要素が強い。このことは、事業化にとって新規性も大事であるが、技術をどう生かすかというソフト面がより重要ということを、改めて示唆しているものと考えられる。アドバイザーやコーディネーターがよってたかって中小企業の事業化を支援するその中身は、今後の北海道のクラスター形成に向けた貴重なノウハウとなるだろう。

しかし、まだ、「コラボほっかいどう」から、ヒット商品と呼べるものは出てきていない。二〇億円は大きな金額ではあるが、北海道の製造品出荷額五兆六〇〇〇億円のわずか〇・〇四％に過ぎないのである。「コラボほっかいどう」を何百カ所も作ることが現実的ではない以上、産業クラスターの創造という目標に向かって、より大きな成果を求めることが必要になってくるだろう。

例えば、積雪寒冷という北海道の事情に対応するための農業関連の機器開発は北海道の需要に応えており、重要なテーマであるが、全国区の商品とはなりえず大きなマーケットは期待できない。これを産業クラスターに発展させるには、機械を開発製造する企業群と農作物の改良に取り組む農業者とシーズを提供する研究機関等の集積が重なり合って、農業機械という特定の分野における強みを発揮する状態を作り上げる必要がある。

つまり、単体の企業の事業化を、関連業界や企業などに波及する相互作用を作り出す必要がある。「コラボほっかいどう」およびその周辺では、事業化の第二段階を模索する段階に入ってきている。次に、地方型の産業クラスター形成の事業化第二章とも言うべき試みについてみてみる。

3 事業化第二章

北大リサーチ＆ビジネスパーク構想

「コラボほっかいどう」の立地する北海道大学北キャンパスエリアには、多くの研究機関が集積し、最先端分野の基礎研究から実用化、事業化までの多彩な研究開発機能を備えている。研究開発の促進とともにこのような機能を有効活用して、ベンチャー企業・新産業を創出し、北海道の経済の活性化を図るため、経済界、大学、行政が連携して推進しているのが「北大リサーチ&ビジネスパーク構想」である。

このベースになっている考え方は、グローバル化が進む時代にあって、北海道の競争力を確保するため、大学等が保有している研究成果や人材といった〝知的資産〟を生かしていこうというものである。北海道に蓄積する大学や各種研究機関等の開発拠点を有効活用していく仕組みを構築し、北海道ならではの優れたプロジェクトに「ヒト・モノ・カネ」といった経済資源を重点投資していくことによって、最終的には特定分野における国際的な拠点地域となることを目指している。

北大リサーチ&ビジネスパークは、北海道内の特定の事業分野や農業・水産業・観光等の地域産業と、情報技術(ICT)やバイオテクノロジー等の先端科学技術を掛け合わせ、新たな、北海道独自の新製品・新事業の開発や新会社の創出していくための新しい〝場〟となることを目的としている。すなわち研究開発(リサーチ)とともにその成果を事業化(ビジネス)に結び付けていくための場が「リサーチ&ビジネスパーク(R&Bパーク)」となる。そして、このようなR&Bパークを道内の主要都市に創造し、大学等の〝知的資産〟を有効活用していくことによって、研究開発型企業やハイテク企業の集積と数多くのベンチャー企業の創出を図っていこうとしている。

北キャンパス町内会という試み

北海道大学北キャンパスにおける研究機関等の集積効果を高めるため、関係機関による横断組織「北キャンパス町内会」が組織されている。北キャンパス町内会は正式名称を「北大北キャンパス・周辺エ

図4―2　北キャンパス町内会会員機関配置図

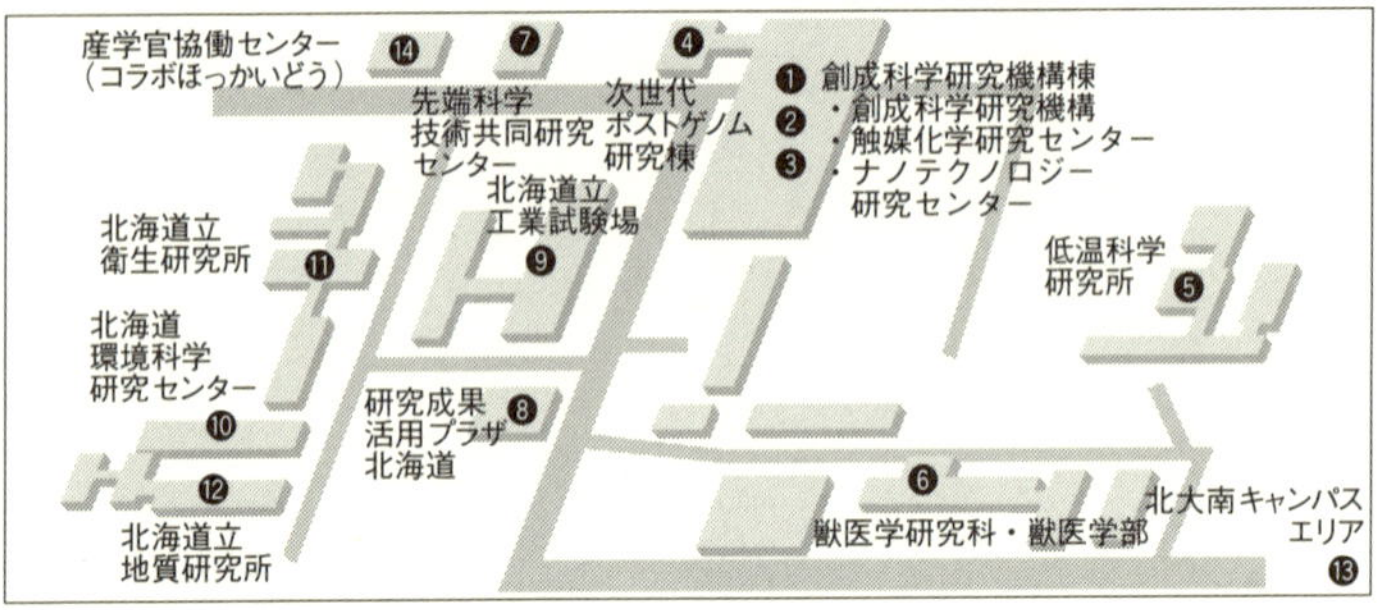

資料：北キャンパス町内会事務局

リア産学官連絡会」といって、北海道大学の北キャンパスとその周辺地域（約三〇ヘクタール）に立地した大学・研究機関やコーディネート機関などの機関、団体によって構成されており、町内会内での交流だけでなく、広く北海道内の科学技術や産業の振興に貢献することを目的として、イベント、セミナー開催や各種情報発信を行っている。

　北海道大学の北キャンパスとその周辺地域には、古くから低温科学研究所などの北大関係の研究機関と道立工業試験場など北海道立の試験研究機関が集積していた。産業クラスター創造活動が勃興する九八年頃からは、ここに、「コラボほっかいどう」や北大先端研などの立地が相次ぎ、研究機関及び大学と産業界をコーディネートする機能が加えられた。さらに、二〇〇三年度からは、創世科学研究機構棟、次世代ポストゲノム研究棟などの最先端の研究シーズの発掘に取り組む北大の研究施設が相次いで完成しており、今後、リサーチ&ビジネスパーク構想の中核としてその発展が期待されている。

　北キャンパス町内会は現在一四の機関、団体で構成されている。産＝民間は、「コラボほっかいどう」、および大学の研究成果の産業界への転用を目指す北海道ティー・エル・オー㈱の二機関が立地している。学は、一八八〇年の札幌農学校設立時に遡る獣医学教育の伝統を引き継ぐ獣医学研究科から、最新の創世科学研究機構を含め北海道ならではの研究分野を持つ北海道大学関連の六つの研究機関と、産業界との研究協力も推進する先端科学技術共同研究センターが立地している。官は、科学技術振興機構（JST）の研究成果活用プラザ北海道の他、北海道立の工業試験場、研究機関が計四つ立地している。

このような、北大北キャンパスにおける多彩な産学官の研究機関・コーディネート機関の集積は、延べ床面積で四万三〇〇〇㎡におよぶ。北キャンパス町内会は、このような機関の集積効果を高め、交流と協働の中から新しい動きを取り出そうという構えである。

「つなぐ、考える、つくる」をキーワードに行われている町内会の活動は、人的ネットワークの形成を助長し、基礎的研究から応用研究、産業技術研究、さらに実用化研究を経て、製品化、事業化についても支援できる体制を着実に整えつつある。

「さっぽろベンチャー創出特区」

北海道と札幌市は、構造改革特別区域計画（通称・構造改革特区）に、研究開発から事業化まで一貫した取り組みを推進するリサーチ&ビジネスパークの形成を目的とした「さっぽろベンチャー創出特区」を掲げ、二〇〇三年八月に認定を受けた。北海道大学北キャンパスエリアは、重要な構成要素の一つとなっており、北大リサーチ&ビジネスパークの形成は、北キャンパスの知的集積を最大限に活用し、研究機関同士の融合から生まれた研究成果が産業化に結びついていくモデル地区とすべく、その目標の一つとして掲げられている。

構造改革特区に認定されたことにより活用できる主な規制の特例措置は以下のとおりである。

① **国立大学教員等の勤務時間内兼業の容認**　国立大学の教員がベンチャー企業を立ち上げ、勤務時間内に兼業できる。

② **外国人研究者の受け入れ促進、入国・在留資格の優先処理**　外国人研究者が在留資格変更無しに研究成果による事業運営を行い、在留期間五年が可能。

③ **国の試験研究施設の使用手続きの迅速化、使用の容易化**　民間企業等が大学の研究室を使用し、試験研究、試作することが容易になる。また、民間企業等が廉価で大学の敷地を使用し、研究施設を設置することができる。

まだ、具体的な成果は現れてきていないが、構造改革特区の実施により、研究機関と民間企業の交流が促進されること、また、海外からの研究者受け入れによる研究成果レベルが向上することなどが予想され、これらによる北海道大学北キャンパス地域の研究活動の活発化が新産業の創造につながっていくものと期待されている。

「コラボほっかいどう」が担う北海道の産業振興の未来

今後、地方分権の動きは、三位一体改革などを通じてますます早まっていくと考えられる。新しい時代への対応方法は色々あるが、自前の産業を興して自立を指向することは重要な選択肢である。その意味で産業クラスターの形成を目指す今の北海道の方向性は間違ってはいない。そして、「コラボほっかいどう」からは、徐々にではあるが事業化の成果が出始めており、新しい〝芽〟をうまく育てていくノウハウの蓄積も始まっているように見える。

北海道がモデルとした北欧では、フィンランドのオウル市からノキアが躍進した。フィンランドの人口は約五〇〇万人であり、北海道と人口規模はそれほど変わらない。ヨーロッパの北端にあるという地理的環境も似通っている。一国と一地域を単純に比較は出来ないが、「コラボほっかいどう」からノキア級の成功が生まれたとしたら、北海道経済の様子も大きく変わる可能性を期待してもよいだろう。これは、夢物語かも知れないが、今からおよそ二〇年前にオウル市がテクノポリスに取り組んだ時の状況に比較すれば、北海道は色々な意味で十分恵まれており、可能性が無いとは言えない。

現在の「コラボほっかいどう」の取り組みは、先にみたとおり評価できるものではあるが、事業化に向けての力不足も感じられる。その解消には、「情報」「技術」「人材」が重要になってくると考えられる。オウルと北キャンパスの違いの一つに、企業の存在があげられる。オウルでは、オウル大学に隣接したいわば北キャンパスのような場所にノキアが立地し、大学は徹底的にノキアを支援したと言われている。確かに、北キャンパスは札幌市の中心部にありアクセスも十分良いが、企業との一体感はまだ無い。北キャンパス町内会に企業名が連なり、そこで行われている技術開発が何かを地域の誰もが語ることができ、それを支える人材ネットワークが個人名で語られる。そして、その中心に「コラボほっかいどう」がある。このような構図が実現したとき、北海道が目指している産業クラスターの全体像が見えてくるに違いない。

「コラボほっかいどう」がこれから考えなくてはいけないのは、明確なビジョンという情報発信であろう。ビジョンの基礎となるのは北キャンパスならではの確固たる技術である。そして、技術を支える産学官のもっと濃密な人材ネットワークの形成が求められる。

国内に学ぶ先例は無いのである。従って、先行きは苦しいかも知れない。しかし、切り拓いた先の未来はきっと明るいものになるだろう。

北海道は、素材を供給するだけで、商品化はほかの誰かがやってしまうという話がある。古くは塩昆布であり、最近はめんたいこがその代表例であろう。いずれも素材は北海道産であるが、塩昆布は大阪、めんたいこは福岡の特産品となっている。しかもご丁寧に、それぞれの産地では、原料に北海道産を使っていることが一つの付加価値となっているのである。

この付加価値を如何に北海道に持ってくるのかは、北海道の経済活性化にとって大きな意味を持ってくる。ゲノム系などの将来性は高いが製品化までに比較的時間がかかる研究と、手っ取り早く既存品の付加価値を増す研究と両方をこなすという発想も必要であろう。このような発想を実現するには、「コラボほっかいどう」を中心とする北キャンパス町内会の存在が、必ず、意味を持ってくる。また、北キャンパス町内会自体がそういう方向性も指向する必要があるだろう。

最近、北海道内各地の中小製造事業者を訪問する機会を得たが、各地に全国区級の活動を行っている中小企業が少なからずあることがわかってきた(4)。これらの企業を核として、各地の底上げが出来たなら、北海道全体がクラスターとして機能することも可能になる。実現に向けての課題は、これら企業の絶対数が少なく域内への波及効果が少ないことと、それら企業間の道内連携がうまくいっていないため、それぞれの地域が個別に北海道外をみていることにある。これは、北海道全体の製造業の層の薄さとも関係してくるが、これら企業の後押しをし、周囲に影響を及ぼし、道内の活動を点から面にすることが必要になってくるだろう。

このような活動の中心となり、各地に事業化支援のノウハウを提供していくことが、新たなステージに入った「コラボほっかいどう」への期待である。その活動は、北海道の産業振興の行方を左右するかも知れない重要さを含んでおり、新しいうねりが作り出されることを期待したい。

「Boys be Ambitious!」北海道の〝大志〟が試されている。

（1）各年『国勢調査報告書』。全国の就業者構成比の一九九〇年から二〇〇〇年への推移は建設業：九・五％→一〇・〇％、製造業：二三・七％→一九・四％。

（2）『工業統計表』。特化係数は北海道の業種別構成比を全国の業種別構成比で除したもの。北海道と全国のウェイトが同じ場合、特化係数は一・〇である。

（3）クラスターは、本来「ブドウの房」の意味。「産業クラスター」はマイケル・E・ポーター教授が『国の競争優位』（一九九〇年）の中で提唱した概念である。同教授は、「クラスターとは、ある特定の分野に属し、相互に関連した、企業と機関からなる地理的に近接した集団」（『競争戦略論』一九九八年）と定義している。

（4）これらについては、近々、報告を公表する予定である。概要については、関満博「北海道の地域産業振興と中小企業」（『商工金融』第五五巻第四号、二〇〇五年）を参照されたい。

第五章　民間型ＳＯＨＯビルの展開
――渋谷／初台センタービルとその多彩な入居事業者

ＳＯＨＯという呼び名もすっかり社会に定着した感がある。ＳＯＨＯとは「Small Office, Home Office」の略語であり、「情報通信機器を活用して、小規模な賃貸オフィスや自宅においてビジネスを行っている者」といった意味で使われることが多い。おそらく大半の人々は、ＳＯＨＯという言葉からこれに近いイメージを思い浮かべられるであろう。わが国においてＳＯＨＯという用語が使われ始めたのは、一九九五〜九六年頃であったとされる。ニューヨークのマンハッタン南地区におけるＳＯＨＯ街の成功が伝えられ、デジタルコンテンツ制作に関わるクリエーター等を中心として、ＳＯＨＯブームに火がついた。その後、九〇年代後半にインターネットが普及、さらにブロードバンド化が進んだことから、就業の場の自由度が高いＳＯＨＯが急速に拡大した。

ＳＯＨＯは「個人のライフスタイルに合わせることが可能な就業形態」として注目されている。[(1)]また、ＳＯＨＯにより創業し、その後より大きなビジネスへと成長していくことも期待できる。そのため、自治体等もＳＯＨＯ支援に力を入れ始めており、ビジネス・インキュベーション施設の整備などによる操業の場の提供が行われている。ＳＯＨＯは在宅で仕事を行う場合が主流というイメージがあるが、実際には自宅以外に仕事場を求めるケースも多い。こういった人々を支援することにより、新たな地域産業の育成に結びつけることが意図されているのであろう。

公的施設の整備が進められる一方で、SOHOビルとでも呼ぶのが相応しいSOHO向けの賃貸オフィスビルが、民間事業者により開設されつつある。これら民間型のSOHOビルは、従来の賃貸オフィスビルとは異なるSOHO向けの仕掛けがなされている。毎年新たに創業するSOHOの数は膨大であり、公的施設の恩恵を受けることができるものは限られている。自宅以外で事業を行うSOHOのほとんどは、民間が供給する賃貸オフィス等を見つけざるを得ない。本章では、こういった状況において民間型のSOHOビルがどのような役割を果たしているのかを、東京都渋谷区に立地する初台センタービルを事例として考察する。

1　SOHOの動向とSOHOビル

SOHOという呼び名が使われ始めてから既に十年近くが経過した。この間にSOHOの数は急速に増大し、その存在は私たちの身近なものとなっている。SOHOのイメージは思い浮かぶものの、その動向や現在の状況はあまり明確ではない。まず、SOHOの定義を確認し、その動向を整理してみる。また、SOHOの操業場所に関わる課題を整理するとともに、近年、開設されつつある民間型SOHOビルの状況もあわせて概観する。

SOHOの定義とその動向

SOHOについて、統一された正式な定義はないようである。例えば、財団法人日本SOHO協会は、

「ＩＴ（情報通信技術）を活用して事業活動を行っている従業員一〇名以下程度の規模の事業所、主にクリエーター、フリーランサー、ベンチャー、有資格者（弁護士、公認会計士等）、在宅ワーク等」をＳＯＨＯとしている。また、『通信白書　平成一二年版』は、ＳＯＨＯとは「企業に属さない個人企業家や自営業主などが情報通信ネットワークや情報通信機器を活用し、自宅や小規模な事務所で仕事をする独立自営型のワークスタイル」であるとしている。青森大学の柴田郁夫教授は、ＳＯＨＯとは「一、テレワークというワークスタイルで業務を遂行していること、二、小規模なオフィス（在宅オフィスや少人数なオフィス）で業務を遂行していること」の二つの要件を満たすものとしている(2)。いずれも「情報技術を活用して仕事をする小規模な事業者」という点では一致しており、これがＳＯＨＯの漠然としたイメージとして社会に定着しているようである。

しかし、これら定義に従うとしても、そこに含まれる業種・業態は実に幅広い。中小零細企業・ベンチャー企業といった法人格を有する事業者から、クリエーターに代表される個人事業者、さらには副業的な性格の強い在宅ワーカーまでを包括することとなる。例えば、東京理科大学のスピンクス教授は、日本ＳＯＨＯ協会の定義を踏まえた上で、ＳＯＨＯを「基幹ＳＯＨＯ」「専門ＳＯＨＯ」「ＳＯＨＯ予備軍系」に区分している。「基幹ＳＯＨＯ」を「個人起業家ながら拡大志向もあるアーリーステージベンチャーの典型」とし、「専門ＳＯＨＯ」にはクリエーター、有資格者、技術者（翻訳家、ＤＴＰ技術者等）が含まれるとしている。また、主婦、学生、リタイアメント、障害者や被雇用者の副業といった在宅ワーカー・ＮＰＯを「ＳＯＨＯ予備軍系」に分類している(3)。

またいずれの定義でも、従来からある中小零細企業、自営業者等の小規模事業者と差別化するために、

SOHOは情報技術の活用なしには仕事が成立しないものとのニュアンスが強調されている。しかし、情報技術の活用はごく一般的となってきており、IT活用の有無だけでSOHOであるか否かを区別するのは難しい。例えば、収穫の大半をネット産直により販売している農家をSOHOに含めるのかといった問題が発生している。SOHOの定義については、今後も研究者、SOHO関連団体の間で議論が続くようである。

統一された定義がないため、SOHO事業者数あるいはSOHO人口を正確に捉えた統計は存在しない。しかし、研究者等による様々な推計が行われている。例えば、柴田郁夫教授は、「SOHO人口は一三〇〜一六〇万人、このうち事業者型SOHO（従業員一〇人未満の零細事業所のトップ）は五〇〜六〇万人」と推計している[4]。また、日本テレワーク協会では、「企業・事業所統計調査」をもとに全国に四〇万強のSOHOが存在すると推計しており、東京都を中心とする一都三県、大阪府、愛知県等の大都市圏は、全事業所に占めるSOHOの比率が高いとしている[5]。五〇万前後のSOHO事業者が、首都圏などの大都市圏を中心に活動していると考えられる。

また、SOHOの一般的な状況は、財団法人中小企業総合研究機構が二〇〇四年四月に発表した『SOHO事業者のワークスタイルに関する実態調査』をもとに次のように整理できる。SOHOによる事業を専業としている者が全体の六割を占める一方で、主婦や被雇用者の副業によるものも四割ある。一人で事業を行っているSOHOが半数以上を占めるが、専業の場合には四割強が人を雇っている。また専業のSOHOのうち一二％には、五人以上の従業者がいる。業務の内容は、専業ではシステム設計・プログラミング、ホームページ企画・作成、コンサルティング、デザイン、物品販売・輸入・卸売、設計・製図が上位にくる。これに対し、副業の場合は文書・データ入力・テープ起こしが圧倒的であり、作業的な業務が中心となっている。(6)

ビジネス・インキュベーション施設とSOHOビル

近年、各自治体においてSOHO支援の施策が積極的に展開されている。SOHOに就業の場を提供すると同時に、様々なソフト支援もあわせて提供するビジネス・インキュベーション施設の整備もその一つである。『ビジネス・インキュベーション総覧 二〇〇三』(7)には、スペースの提供にあわせてソフト支援も行っている施設として、全国二六六施設が掲載されている。これらの施設の開設年をみると、二〇〇〇年が三三施設、二〇〇一年が五九施設、二〇〇二年が四八施設であり、二〇〇〇年以降に急速に整備されている。

これら施設の設置者は、都道府県、市町村があわせて四割を占め、特殊法人、財団法人・社団法人、第三セクター、大学、NPO法人等の非営利団体を加えると八割を超える。民間事業者によるものは一三・五%にすぎず、大半は公的セクターにより開設、運営されている。また設置地域は、東京都が二二施設と最も多く、次いで大阪府の一八施設、福岡県の一七施設の順であり、大都市圏が多い。特に、東京都、神奈川県、千葉県、埼玉県の一都三県には四八施設あり、首都圏への集中ぶりが注目される。これらビジネス・インキュベーション施設では、操業の場が廉価に提供され、また常駐するインキュベーションマネージャー(IM)により新規創業や操業後のビジネスについて様々なソフト支援を受けることもできる。新規に創業するSOHOあるいはベンチャー企業にとっては、文句のない恵まれた環境といえよう。

近年、設置数が増加したとはいえ、こういったビジネス・インキュベーション施設に入居できるSOHOは極めて限られている。全国に四〇〜六〇万あるとされ、新規創業する相当数のSOHO事業者の大半は、自宅を仕事場所とするか、あるいは民間の賃貸オフィス等を仕事場として賃借している。しかし、SOHO事業者が自宅以外に仕事場を確保しようとした場合、意外に制約が多い。通常の賃貸オフィスは三〇㎡以上あるものが多く、従業者が一〜二人程度であるSOHOには広すぎる。また、手頃な規模の賃貸オフィスが見つかったとしても、保証金の高さが問題となる。事務所を賃貸する場合には、賃料の六〜一〇カ月分を保証金として、賃貸開始時に納めるよう求められる。資金的な余裕が乏しいSOHOにとって、この保証金の確保は大きな障害となっている。そのため、行き場を失ったSOHOが、住居用のワンルームマンションをオフィスとして利用しているケースも多い。

近年、SOHO向けの賃貸オフィスビルであるSOHOビルが、民間事業者により開設されつつある。SOHOブームの一方で、景気の低迷によりオフィス需要が落ち込んでいることから、賃貸オフィスを開発、運営してきたデベロッパーや不動産業者がSOHOビル事業に参入してきている。SOHOビルとして新築されるケースは少なく、既存のオフィスビルが改装される場合が多いようである。SOHO向けの小規模なスペースに間仕切るとともに、共用の会議室等が設けられている。またオフィススペースは、個室形式のほかに、簡易壁で仕切られドアが付けられた「シェアードオフィス」、仕切られただけでドアのない「ブース」といった簡易なタイプもみられる。必要最小限の施設内容、サービスレベルとして低価格をセールスポイントとするものがある一方、電話代行などのサービスを充実させているS

ＯＨＯビルもみられる。

2　初台センタービルの概要と事業の特徴

ＳＯＨＯビルの多くはここ数年のうちに整備されている。しかし、事例として取り上げる初台センタービルの開設は九一年と早い。本節では、民間ＳＯＨＯビルの草分け的存在である初台センタービルの歩み、その概要と事業の特徴をみてみる。

ＳＯＨＯビル事業展開の経緯

初台センタービルは、安達事業グループの一社である上信レジャー開発㈱が運営している。安達事業グループは七つの学校法人と、上信レジャー開発を含む二四社の企業法人で構成される企業グループである。全国七都市に二一校の専門学校を運営する教育事業、軽井沢、白馬、箱根などにおいて一六のホテルと九つのゴルフ場、テーマパーク、スキー場などを運営するリゾート開発事業を展開している。加えて、東京、大阪、名古屋に五棟の賃貸オフィスビルを所有している。初台センタービルはこのうちの一つである。

同グループの事業の主流は、五八年の創業時から続く教育事業、七〇年に進出し全国展開するリゾート開発事業であり、賃貸オフィスビル事業の比重はそれほど高くない。しかし、その事業展開の歩みは、今日の民間ＳＯＨＯビルを先導するものとして注目される。

写真5―1　初台センタービル

同グループは八〇年に東京都内の原宿、赤坂、池袋にオフィスビルを開設し、賃貸オフィスビル事業に進出している。注目されるのは、既にこの段階において、秘書サービス付の小規模賃貸オフィスという、現在のSOHOビルにみられるビジネスモデルを実行に移していた点である。もちろん、このビジネスモデルはより洗練された形で初台センタービルに適用されている。同グループは、まだSOHOという言葉がまったく認知されていない昭和の時代から、SOHOに相当する創業時期の小規模事業者にターゲットを絞った事業を展開していたのである。民間型SOHOビルが整備され始めたのがここ数年であることを考えれば、先見の明があったと評価できよう。同グ

図5—1　初台センタービルの各階平面

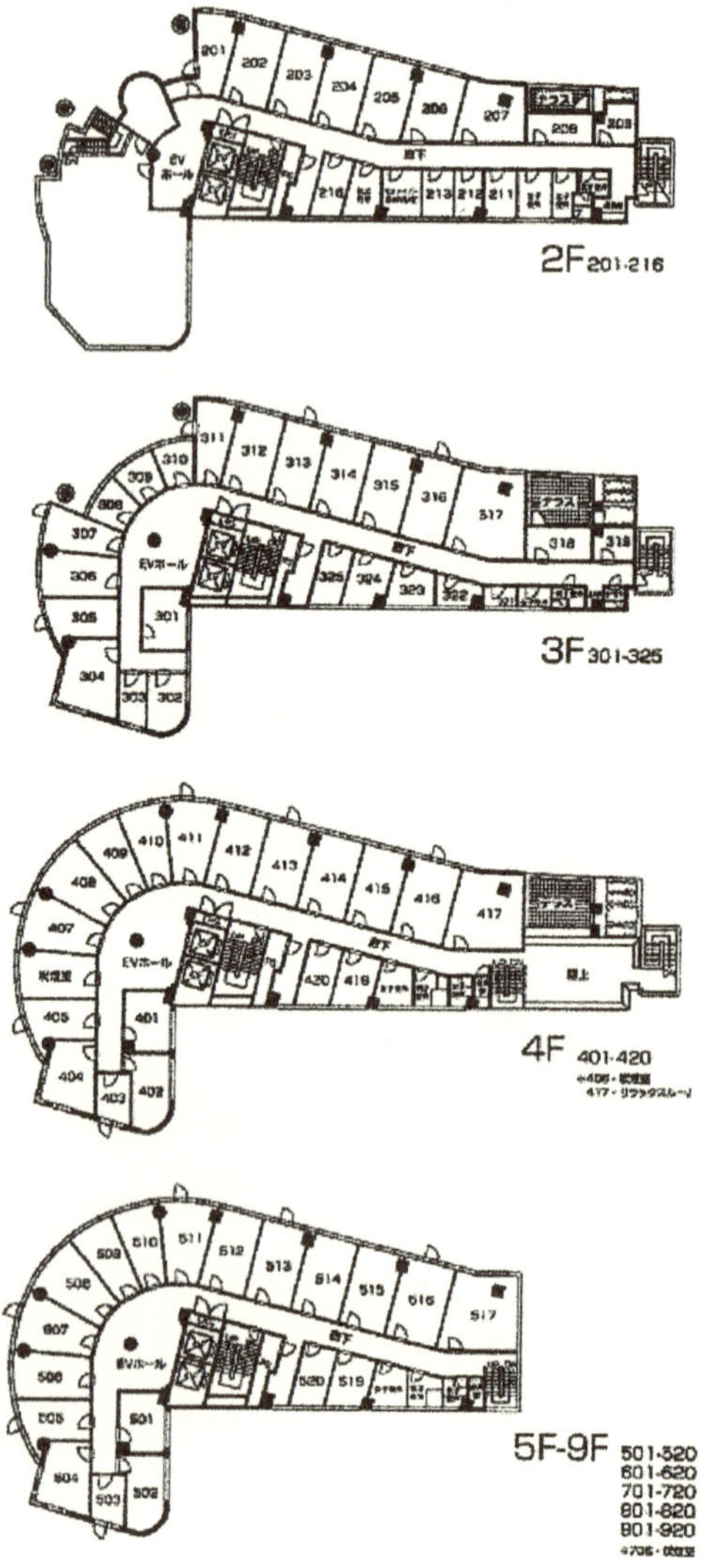

ループは八〇年に賃貸オフィス事業を始めた原宿、赤坂のビルは既に手離しているものの、池袋ホワイトハウスビルは、初台センタービルと同様のSOHOビルとして現在も運営されている。

都心に近く良好な立地環境

初台センタービルは、東京都渋谷区初台に立地する。甲州街道（国道二〇号）に面しており、向かい側には、新国立劇場をはじめとする六つの劇場・ホールのほか美術館、オフィス棟、ショピング・レストラン街等から構成される複合型の再開発街区、東京オペラシティがある。食事や買い物等、東京オペラシティに備えられた様々な機能を活用できることは相当な魅力である。また初台周辺をみると、甲州街道沿いは業務・商業系の土地利用がされているが、幹線道路から一歩内側に入ると住居地域となり比較的落ち着いている。都心から郊外へと変化する境界線上に位置しているといえよう。京王新線初台駅から徒歩一分と交通条件にも恵まれており、新宿に至近の距離にある。また、多摩地域からであれば通勤時間も短く、しかも都心を通過しないことから非常に快適である。都市的な利便性の高さを確保しつつ、都心と比較すれば立地コスト等も低い。SOHOビルに相応しい立地環境といえよう。

SOHO向けの仕様

初台センタービルは、九一年七月に竣工した。面積七四五m²の敷地に、延床面積五四一三m²、地上九階、地下三階の建物が建つ。一階にはロビー、フロントオフィス、共用の応接室・会議室、ビジネスセンター、銀行のATMコーナーがある。二階から上がオフィスフロアであり、賃貸事務室は全部で一五〇室である。東京都内に所在し民間企業が開設、運営するビジネス・インキュベーション施設の場合、比較的大きな施設でも延床面積が一〇〇〇～二五〇〇m²、事務室数が十数室であり、これらと比べるとはるかに規模が大きい(8)。また、近年整備された民間型SOHOビルの多くが、既存ビルの一部フロアを改装しているのに対し、初台センタービルは当初からSOHOビルとして建設され、しかもビル全体がSOHO向けである点が注目される。さらに、バブル経済が最高潮であった時期に計画、設計されたことから、内外装の水準は高く、ビル内部の雰囲気は非常に良い。間接照明を用いたロビーやオフィスフロアのエレベータホール等は、高級感が漂う落ち着いたものとなっている。

賃貸事務室は、以前に銀行の支店が入居していた二階の一室を除いて、概ね一〇～二五㎡といった小規模なものが中心である。従業者が一人から多くても数人というSOHOに適した規模となっている。最近のSOHOビルにみられるシェアードオフィスやブースではなく、すべて個室形式となっている。これは開設時期が早いためでもあるが、プライバシーや落ち着いた執務空間の確保には当然ながら優れている。小規模な部屋が多いものの、四〇㎡程度のものも用意されており、入居事業者の規模による対応が可能である。また、壁を取り除いて複数の部屋を一体に賃貸することもでき、現実にいくつかの入居事業者はこういった使い方をしている。

ワンパッケージ・システム

初台センタービルのセールスポイントは、入居したその日から業務に専念することができるワンパッケージ・システムにある。賃借したオフィススペースの利用に加え、秘書サービス、一階に設けられた共用の会議室、応接室、ビジネスセンターの利用をワンパッケージとして賃貸契約に盛り込むことができる。

特に入居事業者に評判が良いのが秘書サービスである。一階にフロントオフィスがあり、ここには常時二人のフロントセクレタリーが配置されている。入居事業者への来客は、すべてフロントオフィスが応対する。入居事業者に来客の旨を連絡するとともに、フロントセクレタリーが来客を応接室等へと案内する仕組みとなっている。また、入居事業者の不在時には、顧客等からの電話にフロントオフィスが応答し、メッセージを預かるだけでなく、必要に応じて出先に連絡を入れて呼び出してくれる。この電話応答は入居事業者名で行われており、電話を掛けた顧客等は秘書サービスによる代行だと気づかないようである。的確な対応は入居事業者のイメージアップにも一役買っており、信頼も厚い。秘書サービスはミスをすれば入居事業者の信用やイメージを傷つけることになり、的確な対応が求められる。初台センタービルでは、フロントセクレタリーに専門の教育を施すとともに、八〇年の事業開始以来培ったノウハウが活かされているようである。さらに、郵便物や宅配便等の受取り、保管もフロントオフィスが対応しており、不在時に届けられた荷物等をオフィスに戻った際に受け取ることができる。秘書サービスは、ワンマンオフィスである場合が多いSOHOにとって有効なサービスのようであり、初台センタービルの入居事業者の九割以上が契約に盛り込んでいる。

一階には会議室が二室と応接室が二室、二階にも会議室が二室ある。これらはいずれも、フロントオフィス終業後の時間帯を除いて、無料で利用することができる。このほかに有料の会議室も二室用意されている。また、ビジネスセンターにはコピー機、カラーコピー機、FAX、シュレッダーが備えられている。来客への応接、会議等のスペースを共用部分で確保でき、またOA機器を個別に揃える必要がないことから、入居事業者は最低限の執務スペースをオフィスとして借りればよい。来客への対応はフロントオフィス、ロビー、会議室・応接室など、基本的に一階部分ですまされる。一部の会議室利用を除けば、来客が二階より上のオフィスフロアに上がる必要はなく、これが結果としてセキュリティの確保にも結びついている。

表5－1　初台センタービルの契約条件

契約の種類	事務室賃貸借契約	定期事務室賃貸借契約		
契約期間	2年	3カ月	6カ月	1年
保証金	賃料×10カ月	賃料×1カ月	賃料×2カ月	賃料×3カ月
保証金の償却	2年以上20% 2年未満30%	なし		
更新	可	不可		
期間内解約	可 予告期間6カ月	不可		可 予告期間3カ月
連帯保証人	2名	1名 ＊契約者が法人の場合は、代表者以外		
備考	・上記契約期間以外でも定期事務室賃貸借契約を締結できる ・定期賃貸借契約終了後、引続き入居する場合は、再契約			

初台センタービルの共益費を含めた月額賃料は、一坪あたり二三〇〇〇～二四〇〇〇円である。周辺の賃貸オフィスビルの賃料と比較するとやや高い。初台センタービルでは、秘書サービスに各種の管理業務を加えたフロント業務を四人でこなしている。最小限の人数で管理業務をまかなうローコストオペレーションにより、充実したサービスを提供しつつ、周辺と比較してやや高い程度の賃料に収めている。このことが、入居事業者の満足度の高さに結びついている。

ＳＯＨＯが入居しやすい契約条件

初台センタービルには一五〇室の賃貸事務室が用意されているが、複数の部屋を一体に使っている入居事業者もあることから、現在は一四五室となっている。二〇〇四年四月時点の入居事業者は一〇二事業者である。常時、一〇〇以上の事業者が入居しており、貸事務室の八割以上は埋まっている。空室率は比較的低いといえよう。空室率の低さは、入居事業者の定着の良さが一つの要因となっている。入居事業者の八五％は契約を更新するとされ、九一年の開設時から十年以上入居している事業者も二〇以上ある。事業の拡大に伴って、より広い部屋へ移りつつ、初台センタービルに入居し続ける事業者も少なくない。一方、新規の入居事業者の獲得に向けては、自社のホームページによる情報発信と、それを通じて問い合わせがあった場合に対応する程度であり、特に宣伝に力を入れているわけではない。新規入居事業者の確保においては、前述したＳＯＨＯ向けの仕様、充実した秘書サービス等のワンパッケージ・システムに加えて、ＳＯＨＯが入居しやすい賃貸契約条件が有効に機能している。

通常、事務所を賃借する場合、賃料の六〜一〇カ月分を保証金として納めるよう求められる。また、納めた保証金のうち、二〜三割は償却され返金されない。初台センタービルの場合も、二年を契約期間とする事務室賃貸借契約の場合は同様である。これ以外に、三カ月、六カ月、一年といった短期の契約期間に対応する定期事務室賃貸借契約を二〇〇〇年に導入した。この契約の場合には、保証金は契約期間に応じて賃料の一〜三カ月分ですみ、しかも償却がなく全額返金される。初期の負担が少なくてすみ、契約終了後の再契約も可能であることから、資金に余裕のないＳＯＨＯ向きの契約条件といえよう。設立準備期間に定期事務室賃貸借契約で入居し、法人設立後に部屋を移って事務室賃貸借契約に移行するケースなどもみられる。

3　多彩な入居事業者

初台センタービルの入居事業者の業種は、表5―2に示すとおり多彩であり、先に示したＳＯＨＯの

表５－２　産業分類別にみた入居事業者数（2004年４月時点）

産業分類		入居事業者数	備考
建設業		3	
情報通信業	通信業	1	
	情報サービス業	16	ソフトウエア業 11、情報処理サービス業 5
	インターネット付随サービス業	3	
	映像・音声・文字情報制作業	2	
	計	22	
卸売・小売業		18	
金融・保険業		5	
不動産業		2	
医療・福祉		5	医療業 4、福祉事業 1
教育、学習支援業		4	
サービス業	専門サービス業	21	コンサルタント業 12、デザイン業 3、特許事務所 2、弁護士事務所、司法書士事務所、行政書士事務所、翻訳業各 1
	その他生活関連サービス業	2	旅行業 2
	物品賃貸業	2	
	広告業	7	
	計	32	
その他		11	その他業種、任意団体　等
合計		102	

資料：初台センタービルからの提供資料をもとに、日本標準産業分類別に集計した。

定義より幅広い。ＳＯＨＯの代表的な業種であるソフトウエア業、コンサルタント業が多く、デザイン業や弁護士事務所等もみられる。また、まったく新しいタイプの対個人サービス、対事業所サービスを提供する事業者も入居している。一方で、卸売・小売業、金融・保険業等の従来型の業種の入居も多い。多様な業種の、文字通りのスモールオフィスが入居しているといえよう。そこで本節では個性的な三つの入居事業者を取り上げ、それぞれに初台センタービルでの事業の歩みや操業の場としての評価等を整理してみる。

初台センタービルで成長を続ける研究開発型ベンチャー（ゼファー）

初台センタービルには、ＳＯＨＯのみではなく、急成長を遂げたベンチャー企業も入居している。小型風力発電機をはじめ、自然エネルギーを活用した機器を開発、製造、販売するゼファー㈱がそれである。同社は、家庭用の小型風力発電機の開発により注目を集めており、マスコミに取り上げられることも多い。

同社は九七年創業であるが、法人設立以前から初台センタービルに入居している。最初は五階の小規模な部屋に創業準備室を設けた。この時点の従業者は四人であり、人手が限られている状況においては秘書サービスが非常に有効であったという。翌九八年に小型風力発電機と太陽光発電を組み合せた家庭用のハイブリッド発電システムを発売し、これを契機として同社は急成長を遂げる。この時期の同社は、スピンクス教授がいう「基幹ＳＯＨＯ」であり、まさに「拡大志向のあるアーリーステージベンチャー」であったといえよう。殺到する問い合わせ電話に対応できないような状況が続き、従業者も八人に増加したことから、七階のやや広い部屋へと移っている。その後、二〇〇一年に現在の二階へと再度移動した。現在、同社が入居している二階の部屋は、以前は銀行の支店が使っていたものであり、初台センタービルの中では格段に広い。甲州街道に面した窓が大きく、初台センタービルの顔となる部屋といえよう。この部屋に注目を集める研究開発型のベンチャー企業が入居することは、銀行支店の撤退というマイナスを補ってなお余りがあったようである。

ゼファーの伊藤社長は、会社の成長に応じて初台センタービルの中でオフィスを移動することを、創業当初より考えていたという。創業の地への思い入れは、非常に強いようである。また、新宿に近く便利が良いことに加え、ビルの管理がしっかりしていることを高く評価している。現在、従業者は一五人に増え、移動した当初はやや広過ぎると感じていた二階の部屋も手狭になったようである。家庭用ハイブリッド発電システムは、家庭のみにとどまらず学校、公共施設等へも設置され、累計五〇〇〇基以上を販売する大ヒット商品となった。昨年も一五〇〇基以上を販売しており、年間の売上目標が五億円という成長ぶりである。

業界初の優良歯科医院紹介サービスを展開（アイボリーネット・サービス）

ＳＯＨＯには、まったく新しいタイプのサービスを提供する事業者も多い。通常、こういった新たなサービスを提供する事業者は、顧客を獲得しやすい大都市圏に最初に登場する。また、最初は小さく出発し、その後、急速に成長するケースも少なくない。近年、注目を集めるインターネット関連の企業が典型といえよう。初台センタービルの入居事業者にもこういったタイプがみられる。都心に近く、顧客が立ち寄りやすい、あるいは顧客のもとに出向きやすいことを評価して入居しているようである。

アイボリーネット・サービスは、優良歯科医院の紹介という新たなタイプのサービスを事業としている。代表者の須藤哲生氏が二〇〇一年に始めた歯科業界初の事業であり、ビジネスモデル特許を現在出願中である。須藤氏は歯科技工士として三十数年のキャリアを持ち、同時に歯科器材の開発・製造・販売の会社も経営してきた。そのような経歴の須藤氏からみると、歯科医院選びに苦労している人が非常に多いという。特に、以前に歯の治療に失敗し、歯科医に強い不信感を抱いている人の場合、事態は深刻のようである。こういった人達に、須藤氏がプロの目で厳選した優良な歯科医院を紹介するとともに、治療が終了するまで相談にのり、サポートすることを事業としている。五年ほど前より歯科医院の紹介を始め、三年前にアイボリーネット・サービスを任意団体として設立した。初台センタービルへは二〇〇一年六月に入居している。当初は二階の部屋を使っていたが、手狭となったため、二〇〇三年五月に五階へ移った。この際、隣接する二部屋を賃借し一体に利用している。入居当初は須藤氏一人であったが、現在は常勤三人、非常勤を入れると五人に拡大している。

業務はカウンセリングが基本であり、患者はアイボリーネット・サービスを訪ねる必要がある。都心に近く、また駅から徒歩一分という立地条件は、患者が来訪するのに利便性が高い。また、医療に関係する事業を行うには、患者が不信感を抱くような怪しげな場所では都合が悪い。その点でも、初台センタービルはエントランスやロビー、あるいはオフィスフロアの雰囲気が良く、安心して来訪してもらえるようである。現在、一カ月に一〇〇人近い紹介依頼があり、このうち六〇人ほどが相談に訪れるという。安心できる医療に対する人々のニーズは高く、優良歯科医院紹介への期待も益々大きくなるものと思われる。

台湾と日本を結ぶ国際交流の拠点（ＴＣＡ東京事務所）

初台センタービルには日本の事業者のほかに、イギリス、オーストラリア、中国、台湾等、海外の企業・団体等の駐在員事務所が複数入居している。オフィスの立地コスト、運営コストに厳しい海外勢からみても、初台センタービルは都心に近い割に、コストが低いと評価されているようである。

駐在員事務所の一つである台湾の台北市コンピュータ同業協会（ＴＣＡ）東京事務所についてみてみ

よう。ＴＣＡは、コンピュータ産業に関連する、電子機器・部品メーカー、ソフトウエア開発企業、商社等、約四〇〇〇社が加入する台湾最大の業界団体である。展示会の開催、台湾当局との共同研究、台湾から海外へ進出する企業へのサポートなどを主な業務としている。日本市場あるいは日本企業と台湾のコンピュータ業界を結ぶのも同協会の重要な役割であり、その拠点となる東京事務所を初台センタービルに開設している。

ＴＣＡ東京事務所は、駐日代表を務める吉村章氏がほぼ一人で切り盛りしている。以前は幡ヶ谷に事務所を開設していたが、二〇〇一年に初台センタービルに移転している。初台センタービルに入居する中国東莞市の駐日連絡事務所を吉村氏が訪ねた際の印象が良かったことが、移転のきっかけとなった。吉村氏は、台湾企業と日本市場、日本企業との間を取り持つという仕事柄外出することも多い。また台湾に長期の出張に赴くこともある。こういった不在時に、秘書サービスが大きな力を発揮するようである。また、台湾の人々は体面を非常に重んじる。台北のＴＣＡ本部も、一定水準以上のレベルのビルに事務所を構えることを望んだそうである。フロントオフィスが来客に応対し、来客用の応接室・会議室等が用意されていたことから、こういった要望に応えることができた。また、毎週一回予定されている調達相談をはじめ、日本企業が同事務所を訪ねることも多く、こういった場合にも応接室・会議室が完備されていることが有効に作用している。

4　民間型SOHOビルが担う役割

全国には四〇～六〇万ともいわれる膨大な数のSOHO事業者が存在している。近年、自治体等もSOHO支援に力を入れてはいるものの、公的なビジネス・インキュベーション施設等に入居し、その恩恵を受けることができるのはごく一部にすぎない。SOHOの大半は、行政からの支援を受けてはいない。行政の支援をあえて期待しないものの、創業初期をできるだけ恵まれた環境で過ごしたいというのは、すべてのSOHOに共通する思いであろう。通常の賃貸オフィスビルへの入居に制約が多いことは既に述べたとおりである。公的なビジネス・インキュベーション施設と賃貸オフィスビルの間に位置し、SOHO向きの施設内容とサービスを有するSOHOビルの登場が、SOHOが抱える操業の場の悩みを解決する特効薬となることが期待される。

そのためには、SOHOの育成を使命と考えるような志の高さが、SOHOビルの事業者に求められよう。営利事業ではあるものの、単に低迷する賃貸オフィス事業を代替するための事業参入は相応しくない。またそれでは、入居するSOHOからの信頼も得られないであろう。入居するSOHOの成長を自らの糧として事業を行うといった意欲にあふれる事業者が、SOHOビルを整備、開設することが望まれる。加えて、現在のところ民間型SOHOビルの開設は東京などの大都市圏が中心となっている。今後、地方都市においても民間型SOHOビルが開設され、地方の活性化に貢献することも期待されるであろう。

（1）『中小企業白書　二〇〇四年版』は、SOHOの社会的な意義として、「就業時間が一般の企業よりも融通が利き、個人のライフスタイルに合わせて業務をこなすことができる」、「SOHO事業者の多くは自宅もしくはそのごく近くで仕事をすることから、働きながら地域社会への参画を可能にする」の二点をあげている。

（2）柴田郁夫「SOHO／マイクロビジネスの人口推計とその支援方策に関する考察」（『第四回日本テレワーク学会研究発表大会論文集』二〇〇二年）。

（3）W・A・スピンクス「SOHO類型への提案」（『第三回日本テレワーク学会研究発表大会論文集』二〇〇一年）。

（4）柴田、前掲論文。

（5）社団法人日本テレワーク協会『マイクロビジネス・SOHOによる地域活性化の具体的方策に関する調査報告書』二〇〇三年。

（6）財団法人中小企業総合研究機構『SOHO事業者のワークスタイルに関する実態調査』二〇〇四年。本調査は、日本SOHO協会等のホームページを利用したセルフセレクションアンケート方式により実施された。このため、回答者が同ホームページにアクセスする機会の多い在宅ワーカーに偏っている点を注意する必要がある。

（7）日本新産業支援機関協議会（JANBO）『ビジネス・インキュベーション総覧　二〇〇三』日外アソシエーツ、二〇〇三年。

（8）日本新産業支援機関協議会、前掲書に掲載されたビジネス・インキュベーション施設のデータによる。

第六章　地方都市のＳＯＨＯ展開
――富山県の動き

全国の各地方都市におけるインキュベーション施設や、ＳＯＨＯ自身がそれぞれ抱える問題点などを、一つの結論としてまとめることはなかなか難しい。なぜならば、各地域の産業基盤、人材、支援の取り組み等がそれぞれに異なるからである。ただし、産業支援という視点から本書で書かれた各事例や、その他の事例など参考にすべき点は少なくない[1]。本章では、富山県内の状況を報告する。

富山県は日本海に面した本州の中央北部に位置し、東には立山黒部アルペンルートや宇奈月温泉など観光資源が豊富な北アルプス山脈、南に飛驒山系、西に白山山系から加越国境の丘陵、さら能登半島基部の山地へ、北には富山湾というように、全体として、東南西を山、北は海に面する地形の中に平野が広がっている。こうした地理的条件から大正時代以降工業の立地が進んだ一方、江戸時代から発展し続けた売薬業が基盤となり、二〇〇一年の富山県製造品出荷額等（速報値）は三兆三一六八億円を数え、一人当たり出荷額でみると全国第一〇位と、日本海側一二府県中第一位の工業県となっている。

業種別では、アルミ関連産業を中心とした「金属製品」「非鉄金属」、医薬品などの「化学工業」、集積回路、電子部品などの「電気機械」、軸受、工作機械などの「一般機械」等、上位五業種で六割強（六一・四％）を占めている。特にアルミサッシ等の金属製品出荷額は全国一のシェアを誇っている[2]。

このような産業基盤があるなか、富山県内のＳＯＨＯ事業者を取り巻く状況をこれから述べていきたい。

1　富山県ＳＯＨＯ協議会の動向

富山県ＳＯＨＯ協議会とは

富山県には、ＳＯＨＯ組織団体として、唯一、富山県ＳＯＨＯ協議会という組織が存在する。富山県ＳＯＨＯ協議会は、二〇〇〇年三月三一日に坂下由紀女史と土谷恵美子女史等の主婦が中心となり、任意団体として発足した。現在、協議会会員は約八〇人おり、交流と自己研鑽の活動を行っている。資金面では設立当初から富山県の支援もあり、年会費五〇〇〇円で各種セミナーの開催、交流会、メーリングリストによる仕事の紹介などを行っている。(3) 私自身、富山県ＳＯＨＯ協議会の代表幹事を二〇〇二年から二年間務め、県内の会員・非会員ＳＯＨＯ事業者の方々を多く見てきた。富山県の特徴として、業種形態が大きく四つのグループに分けることができる。

①　家庭の主婦などが、自宅などでデータ入力やテープ起こしを行う在宅作業系。
②　ホームページやプログラミング等のソフト制作などのクリエイター系。
③　インストラクター、ＰＣサポートなどのサポート系。
④　ＩＴコーディネーターやＦＰ（ファイナンシャルプランナー）、社会保険労務士、建築士等の専門的業務を行っているサムライ系。

協議会のメンバー構成として、設立当初は在宅作業系の比率が高かったが、現在はクリエイター系、サムライ系などの専門職的事業者の割合が高くなってきている。言い換えるならば、将来地域産業の牽引役になりうる可能性を秘めた人々によって構成されていると言えるのではないか。実際に、会員の中にはＳＯＨＯ規模を卒業した企業もいくつか存在している。

任意団体としての限界

富山県ＳＯＨＯ協議会は、現在は任意団体である。二〇〇二年、同協議会活動の一つであるＮＰＯ勉強会（一年間のみ活動後解散）でＮＰＯ法人化することも検討したが、時期尚早との結論となった。勉強会の報告によれば、ＮＰＯ法人化する必要がないことの理由として、三つを掲げている。

第一の理由は、富山県から受けている補助金は、法人で無ければならないという要件が無い事。

第二に、代表者個人名義で対外的な契約を結んでいるが、代表者交代による契約書変更が煩雑になっていない事。

最後に、法人でなければ出来ない活動を行っていない事がそれである。

しかし、活動を活発にしようと思えば思うほど、運営する役員の負担が大きいのが現状である。各役員は各々仕事を持っているため、ボランティアによる運営には限界があり、第九章で紹介される花巻市起業化センター佐藤利雄氏のような熱い思いと行動力、それに豊富な人脈を持ったコーディネータの存在が必要不可欠と考える。

協議会の新たな取り組み

二〇〇三年からは、従来会員向け限定であったセミナーを、広く一般に公開する取り組みを始めた。それはセミナーを一般公開する事で二つの効果を狙ったのである。地域社会への協議会の認知度向上と、会員紹介による会員のビジネス・チャンス拡大を図るというものである。

第一回目はＦｌａｓｈ（フラッシュ）というプログラム言語をテーマにした「Ｗｅｂデザインとテクノロジの未来形」（二〇〇三年三月八日開催）、第二回目はソフトウエア、建築、プロダクトデザインなど、人間が使いやすいデザインをテーマにした「ユニバーサルデザインとバリアフリー」（二〇〇四年三月一四日開催）、第三回は個人情報保護法に対する企業の取り組みとウイルス対策をテーマにした「なんなんだ、ウイルス。守ろう、プライバシー」（二〇〇四年一二月四日開催）を開催している。

集客には苦労するが、トレンディなテーマを毎回取り上げ、一定の成果は出てきている。ただし、ＳＯＨＯは業種が多彩なため、メンバー全員に共通メリットのあるテーマで開催できない点が苦労するところである。

また、富山県のＳＯＨＯ同士の交流にとどまらず、石川県や福井県を含めた北陸地方での交流や情報交換を行う動きが二〇〇四年から始まった。まだ理事役員の交流程度であるが、将来は合同事業の開催などに発展させていく予定である。さらに富山ＳＯＨＯ大賞という表彰制度を設けた。会員のみならず一般公募も行い、富山県や新聞社の協力の下、第一回目は無事終了した。これら今後の展開に注目したい。

各会員の動向

多くのＳＯＨＯ事業者は安定的な受注が無く、不安定な売上であるところが多いと一般的に言われている。なんとか、現状脱却を図りたいと考えているが、個人では限度がある事と、日々の業務に追われ改革ができないという話はよく聞かれる。

協議会の会員で、会員同士仕事のやり取りをしているところもあるが、全体の割合からすると数は少ない。なぜなら、業種が全く異なっていたり、同じ業種同士でも納品物の完成度レベルが異なるため、トラブルの原因になったりするからである。しかし、異業種同士が手を組む事でビジネス範囲を拡大している事業者もいる。現在、各事業者が各々模索中と言ったところが県内の現状である。

2 行政の支援と問題点及び期待

富山県におけるＳＯＨＯ支援としては、先に述べた富山県ＳＯＨＯ協議会への補助金ほか、技術開発支援、インキュベーションマネージャー（ＩＭ）派遣等が行われている。

富山県内のインキュベーション施設は、県及び第三セクター他各種団体、市町村が運営する大小合わせて一二施設あり、合計一四六室中一一四社が入居中である（表6―1）。スペースの都合上、一企業が複数部屋を利用している場合もあり実質稼働率は九〇％以上である（二〇〇四年三月三一日現在）。

専任のコーディネータや受付を常駐させている施設もあるが、インキュベーション施設内外、もしく

の整備状況

（2004年3月31日現在）

入居期間	1室当たりの広さ	賃料等
（さらに1回延長可）	51 m²×9室 48 m²×1室	月86,700円 （保証金、共益費、電気代別）
以内（更新可）	17.4 m²～35 m²	月30,000円（共益費込）～
以内	10 m²×3室　13 m²×1室 15 m²×1室	賃料月1,500円/m²、 共益費月500円/m²
（さらに5年延長可）	92 m²×31室（Sタイプ） 144 m²×12室（Mタイプ）	Sタイプ月52,500円、 Mタイプ月78,750円
（さらに5年延長可）	事務所棟　54 m²×3室 工場棟　149 m²×6室	事務所棟月58,000円、 工場棟月68,000円
	24～193 m²	月900円/m²
	事務所棟　69 m²×4室 工場棟　165 m²×9室	事務所棟月40,000円、 工場棟月50,000円
（さらに2年延長可）	8～21 m²	月2,000円/m²（共益費込）
以内（さらに1年延 ）	14 m²×1室　15 m²×5室 20 m²×1室	月2,000円/m²（共益費込）
（さらに1年延長可）	工場棟　165 m²×12室	月63,000円
（さらに4年延長可）	24.73～27.75 m²	月10,000円～12,000円
（さらに3年延長可）	事務所14室　14.26～58.02 m² 研究室2室　45.54～86.10 m²	月500円/m²（共益費込）

はインキュベーション施設間のコーディネーションを行う例は数少ない。

財団法人富山県新世紀産業機構が富山県の委託を受けＩＭを養成し、県内各施設を巡回、指導を行っているが、任期が六カ月にすぎず、入居企業やマネージャー本人からも短すぎると指摘されていている。これは、財源の問題でもあり、富山県も認識はしているが解決できないのが現状のようである。また、入居者が望む各種情報提供の少なさを指摘する声も聞かれる。現場の声を尊重し、花巻市起業化支援センターの事例などを参考にして、何とか問題を解決して貰いたいと願う次第である。今度の提供サービス向上を期待したい。

ただ行政側の問題ばかりでなく、

表6―1　富山県内のインキュベーショ

施設名	開設年	所在地	設置主体	部 (
富山県産業創造センター（高岡テクノドーム）	1991	高岡市二塚 322–5	財団法人	1
富山県産業高度化センター	1999	高岡市オフィスパーク5番地	株式会社	1
富山ビジネスインキュベート施設（県総合情報センター）	2001	富山市高田 527	株式会社	
富山市ハイテク・ミニ企業団地	1985	富山市今市 560–5	市	4
砺波市ハイテク・ミニ企業団地	1998	砺波市狐島 215–1	商　工会議所	
滑川市 SOHO センター	2001	滑川市開 676 番地	市	
ベンチャースペース氷見	2001	氷見市上田字上野 10–22	市	1
とやまインキュベータ・オフィス	2002	富山市中央通り 2–3–22	市	
高岡市 SOHO 事業者支援オフィス	2002	高岡市下関町 6–1（高岡ステーションビル 3 F）	市	
高岡市創業者支援センター	2002	高岡市下伏間江 102 番地の 1	市	1
小矢部市津沢コミュニティプラザ	2004	小矢部市清水 369–1	市	
城端町企業家支援センター	2004	東砺波郡城端町 4316 番地の 1	町	1

入所しているSOHO事業者側の問題も聞かれた。

調査の中では、「インキュベーション・マネージャーから話を聞いてもらう事すら出来ず、情報提供が出来るのに受け容れてもらえない」とか「入居事業者が我々支援組織をどのように活用するかが問題です。こちらからアプローチしても邪魔者扱いされるようでは支援しようがありません」との声も聞かれた。特に、製造業系にそうした傾向が強く、事業者側の意識にも問題があるのかもしれない。しかし、過去に一度IM等から話を聞いたが、専門知識が乏しく、十分なサポートを受けられなかったなどの経緯があり、新規赴任されたIM等に対し冷たく対応して

図6―1　富山県のビジネス・インキュベーション施設

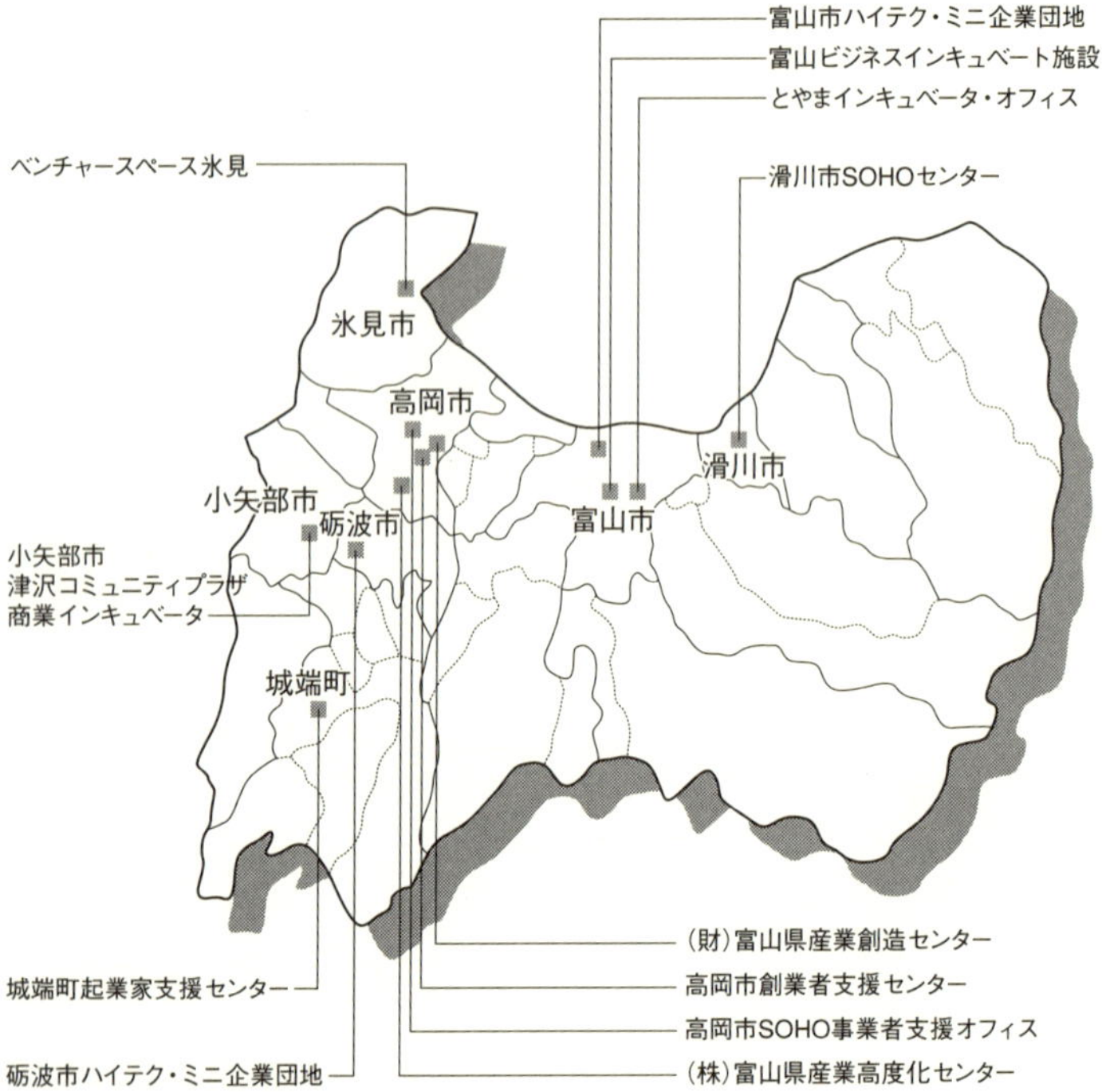

いるという場合もありそうである。この辺りは、今一度行政側が、SOHO事業者の意識を調査し、適切な対応を進めていくことが望まれる。

またインキュベーション施設の地区毎における整備状況に、問題を指摘する声もあった。現在富山県内には先に挙げた一二施設が図6―1のように分布している。東地区におけるインキュベーション施設数が少ない事に気がつく。東部地区の魚津市には㈱スギノマシン、黒部市等にはYKK㈱など優良企業がいくつもあるが、それら企業等との接触ができるサービス等があれば入居者にメリットがあるとの指摘も聞かれた。現在進行している平成大合併後の自治体動向に注目したい。

3　地方におけるSOHOの現状

富山県内における幾つかのSOHO支援施設や入居事業者をここでは取り上げ、それぞれの展開を紹介していく。まず最初に高岡市の事例を二件述べたいと思う。

高岡市は、富山県の西に位置し伝統産業である高岡銅器・漆器として有名な街である。

高岡銅器は、一六〇九（慶長一四）年、加賀藩主前田利長公が高岡開城後に招いた七人の鋳物師達（河内国丹南郡の技術を受け継ぐ）の手によって始まった。当初は、鉄鋳物が中心だったが江戸時代中頃から銅鋳物も盛んになり、明治期になると技術力はさらに向上した。万国博覧会を通して世界にも紹介され、輸出品としても美術銅器は確固たる地位を築いた。

その後、一九七五年には、国の伝統的工芸品の指定を受け、発祥以来三九五年経過した現在も、日本唯一の銅鋳物の産地としてインテリア小物から屋外のブロンズ像までの幅広い製品を手がけている。

高岡漆器も前田利長公が武具や箪笥、膳等日常生活品を作らせたのが始まりである。その後、中国から堆朱、堆黒などの技法が伝えられ、彫刻塗、錆絵、螺鈿、存星など多彩な技術が生みだされた。これらの技は高岡の祭礼に曳き回される絢爛豪華な御車山（重要有形文化財）に集結されるなど、町人文化のなかにしっかりと根づき発展して現在に至っている(4)。

また、現代産業としては三協・立山ホールディングス㈱グループ（三協アルミニウム工業㈱、立山アルミニウム工業㈱、STプロダクツ㈱）のアルミ産業、東亞合成㈱高岡工場（アロンアルファーの生産主力工場）、ヤヨイ化学工業（壁床用接着剤）、日本ゼオン㈱高岡工場（水素化ニトリルゴム、電子材料、医療器材、各種塩化ビニル樹脂）、日本重化学工業㈱高岡工場（フェロアロイ、肥料、PSM（金属多孔体））、日本曹達㈱高岡工場（農薬原体・中間体等）の化学産業、㈱タカギセイコーなどのプラスチック工業、キタムラ機械などの機械工業があり新旧産業が融合した産業都市である。

このような産業基盤がある中で、高岡市はJR高岡駅三階に「高岡市SOHO事業者支援オフィス」を情報産業関連事業者向けに、また、「高岡市創業者支援センター」を製造業者向けのインキュベーション施設として整備した。

行政の支援によりコラボレートを実現――高岡市SOHO事業者支援オフィス（高岡市）

先に述べたように二〇〇二年、JR高岡駅三階に「高岡市SOHO事業者支援オフィス」がオープンした。それとは別に高岡駅周辺の中心商店街活性化を図るため、高岡市では二〇〇三年、総務省の地域情報化モデル事業交付金を受け、高岡市中心商店街情報発信事業を行った。その際、中心商店街情報発信事業の一部であるバーチャル商店街（たかおかストリート）の製作に支援オフィス入居企業が携わった。この事業への参加に関しては、高岡市が担った役割は大きい。

入居企業各社は、あらかじめ富山県SOHO協議会で顔見知りと言う事もあったが、共同作業は初めてであり、Webプログラム開発、デザイン、取材・教育サポートの各担当に分かれ、市役所と連携を取りながら作業することで無事成功を収めた。

この行政が行った対応は、入居企業に大きな効果をもたらした。

第一に、各入居企業の受注業務枠に広がりを持つ事が出来た。それは、入居企業同士がコラボレーションすることで、顧客に対しワンストップサービスの提供を行う事が出来るようになったという事である。

第二に、地域商店街店主と顔見知りになることで別案件の受注を受ける事ができた。

第三に、公共の仕事の実績ができ、営業においてアピールし易くなった。

第四に、高岡を元気にしたいという「思い」のある支援団体や個人との接触ができるようになった、等である。

入居企業の一社である㈲オズ・デザインワークス社長、奈良郁夫氏は「この仕事を通じて、よりいっそう地域の人々との人的繋がりを持つことができたし、自分のスキルアップになった」と言う。インキュベーション施設の入居企業に目に見えない効果を与え、今後の起爆剤になったものとして評価できる。

伝統産業の技（スキル）を応用——㈱三桂サイン工房（高岡市）

㈱三桂サイン工房は、高岡市創業者支援センター内に工場を持つトータルサインを製造するメーカーである。現社長の山村隆一氏は二代目で、先代は高岡市京町にて創業、七〇年に㈿高岡漆器センター共同工場へ移転、八一年に法人化した。その後、九〇年前後のバブル経済時代に、大型家具への漆彫刻塗りの領域でノウハウを蓄積、九〇年、新規事業として漆を生かしたトータルサインの製造販売を目的と

写真６—１　和紙に漆を塗って合わせガラスにした新素材

するサイン工房を設立した。設立当初から、当社の製品は図書館、老人ホーム、ホテル旅館などに納入されている。

一方、大型の物を漆塗りする技術を利用し、近年、硝子加工メーカーの三芝硝材㈱の子会社である㈱グラスキューブ（高岡市岩坪）と提携し、合わせガラスの樹脂フィルムに漆を塗る技術を開発した。従来、漆は高温に弱い性質があり変質して色や風合いが損なわれる上、耐光性の課題もある。これらを新技術で克服し素材として提供している。建材、家具材として販路が期待されている。また、和紙に漆を塗った合わせガラスも開発し販売展開を行っている。

この事例において注目すべき点は、グラスキューブ社と㈱三桂サイン工房のコラボレーションである。これを実現させたのが、高岡市創業者支援センター所長の金子隆亮氏であることだ（二〇〇四年三月三一日付で退任）。金子氏は一九四四年北海道旭川市生まれ。金沢美術工芸大学彫刻科卒業後、高岡市内の大手企業、竹中製作所に勤務していた。その後富山インダストリアル・デザインセンターデザイン部長、高岡市デザイン・工芸センターディレクターを経て二〇〇二年に当支援センターに赴任した。入居企業以外にも、野球のオリジナルバットを製造する個人事業者向けに漆塗りバットの提案を行い事業化を進めたりして、地元伝統産業と異業種とのパイプ役を数多く手がけている。このようにコーディネータの役割は非常に大きい。

山村社長の「高岡漆器の知名度を上げたい」という強い「思い」をコーディネータが実現させた事例である。現在六〇歳とは思えない山村社長のチャレンジ精神に敬意を表したい。

仕事は中央から——㈲エイプラス（滑川市）

次は、高岡市以外の事例である。富山県の東に位置する滑川市の事例を紹介したい。

㈲エイプラスは蜃気楼やホタルイカで有名な滑川市が運営する「滑川市ＳＯＨＯセンター」内に入居しており、現在社員二人で事業展開中である。個人創業当初は、顧客開拓に非常に苦労し、パッケージソフトの開発や有名ソフトメーカーのソフト開発などを行っていた。現在は主にＷｅｂ関連ソフトウエアの開発、ＥＣサイト構築・管理等を手がけており、その成果物は評価が高く、主に東京からの受注によって事業を展開している。具体的事例は、クライアントの守秘義務等の関連から紹介できないがユニークな例を数多く持っている。

現状の問題点として、佐々木社長は「地方における人材獲得が非常に難しい」と指摘している。理由として、応募者の就業意識や意欲が低いところを指摘していた。これは、ＳＯＨＯに限らず、中小零細企業が共に抱える問題である。ただ、独自の提案力と実現力を持つ当社にとって、今後は、人材を増やして事業を拡大して行くのは必須であり、社長自身からも大きな意欲が感じ取られた。

ところで、業務内容からすると、富山県内でも事業展開は十分可能なのだが、にもかかわらず、東京からの受注で事業展開しているところが興味深い。県内におけるＷｅｂ開発関連企業においては、地元での受注の場合、受注金額が作業量に対し割の合わない低額での製作を依頼される事が多い事や、良い機能やデザインは首都圏などで製作してもらった方が安心できるという発注者側の心理が原因と思われる。また、仕事の絶対量に地方と都会の違いがある事も要因として考えられる。富山県には㈲エイプラス以外にも、首都圏や大阪圏から開発業務を受注しているＳＯＨＯがあるが、仕事を受ける場合、同様の事が想定される。

4　地域活性化とＳＯＨＯの役割

日本全体として開業率の減少、廃業率の向上（逆転現象）が発生しており、新規創業者数が少ないのはご存じの通りである。また、一度独立開業したＳＯＨＯ事業者も収入の不安定さから廃業してしまう例も見てきた。もともと大企業も数名の小さな会社から発展した事を考えれば、ＳＯＨＯ事業者を多く生み出す事は、地域産業の活性化に何らかの形で役立つと考えられる。そのＳＯＨＯ事業者を多く生み出し、成長させるためには、以下の三つの点が重要な課題だと感じている。

① 人材の育成・再教育と啓蒙。
② 公共機関や地元企業、地域住民とSOHO企業の接触機会プロデュース。
③ 事業主自身の意識改革。

人材の育成・再教育と啓蒙

富山県には九九年度から県教育委員会が行っている「社会に学ぶ一四才の挑戦」という体験学習が授業カリキュラムとしてある。(5) その目的は、生徒が規範意識や社会性を高め、将来の自分の生き方を考えるなど、成長期の課題を乗り越える逞しい力を身につけることができるようにするのがそれである。つまり、生徒が大人になった時にどの様な仕事をしたいか考えさせる為の実体験の場というとらえ方ができる。この他、地域商店街でのフリーマーケットによる商業体験等も面白いと思う。そうすると、自ずと自分自身の目標(夢)が出来てくる。目標(夢)が出来ればそれを実現する為にどのような進路を取れば良いかわかる。独立開業したいといった子供たちも出てくるのではないか。

一方、成人に対しての再教育と言った点では、現在一部の産業カウンセラーやハローワーク等で推進しているキャリアプランの作成実習を行う事で、自分を見つめ直す事もよいのではないか。それにより、今後どの様に生きていかなくてはならないか、ライフスタイルに気づくからである。自分のキャリアをアップし独立開業を目指す人材も生まれてくることも期待できる。

地方においては、一旦都会に就職しても両親の高齢化などの理由で戻ってくる働き盛りの年代がいる。これらの人材は都市で先端技術等に携わった経験者も多いと考えられる。しかし、このUターン人材の活用が地元に十分な効果が発揮できていない。本来、就きたい職種が地元に無いため、全くの別分野への再就職が多いのではないか。彼らUターン組で起業家精神を持った人材を、地域がバックアップする事業も面白い。よそ者の視点から、成長可能性のある新規事業創出が期待される。

公共機関や地元企業、地域住民とSOHO企業の接触機会プロデュース

私が富山県SOHO協議会の活動を通じて感じた事は、新規創業者の場合、まず受注を受けることに苦労しているという点である。私が個人的にコーディネートし双方を取り持った例も幾つかある。この点から考えると地方公共団体や関連機関及び民間企業と、SOHO事業者がお互い接触し合う機会を設ける事により、SOHOの育成が促進されるのではないだろうか。コーディネート役としては、行政機関や関連団体などが望ましいと考える。SOHOに限らず小規模零細企業も含めてその機会を作る事により効果が期待される。

事業主自身の意識改革

私自身、SOHO事業者としてこの文章を書きながら反省すべき点であるが、現状の業務に追われ、業務の革新に取り組む事がなかなかできない。しかし、絶えずビジネス環境は変化している事から、事業主自身も意識改革が必要である。他分野にもアンテナを張り、顧客満足と従業員満足に努め、日々研鑽していく事が大切である事は言うまでもない。ただし、悲しい現実としてそのような事に気づかなかったり避けて通ったりする経営者もいる。そうした人々に一人でも多く「気づき」の機会が訪れる事を願っている。

（1）本書以外の事例紹介として、関満博『地域産業の未来』有斐閣、二〇〇一年を参照されたい。
（2）富山県庁ホームページよりデータを引用。
（3）詳しくは、富山県SOHO協議会ホームページ http://www.soho-toyama.gr.jp/ を参照されたい。
（4）高岡市デザイン・工芸センターホームページより引用。
（5）「社会に学ぶ一四才の挑戦」については、文部科学省中央教育審議会生涯学習分科会（第3回）議事要旨を参照されたい。

第七章　「SOHO　CITYみたか構想」六年の軌跡

二一世紀、まさにIT時代を迎え、SOHO（small office, home office）やテレワークといわれるインターネットを活用した働き方は社会的にしっかりとした地位を獲得し、その数は年々増加している。今やビジネス界では、SOHOやベンチャー企業は珍しい存在ではなく、弱者としてのイメージからむしろ果敢に挑戦した勇気ある人・企業として注目を集めるようになってきた。パーティなどでも、多くの人がSOHOなど独立企業のCEOと名刺交換をしたがっている。そこでは大企業に頼らず、自らの技術と才覚によって独立した勇者として、彼らのエナジーが多くの人を惹きつけているのである。

三鷹市は、このSOHOが社会的にも認知される以前の一九九八年から「SOHO　CITYみたか構想」を掲げ、九九年一二月に三鷹駅前にSOHOパイロットオフィスを整備してきた。本構想は、三鷹市が目指す「高環境・高福祉のまちづくり」を実現するために、市民の情報リテラシィを高め市内企業の情報化を支援し、あわせて情報通信関連企業を誘致・集積させ、そして地域から創業を促し起業家を育成しようとする、産業政策を含めた地域情報化戦略といえるものである。この間、三鷹産業プラザ（一期・二期）を中心に七つのインキュベーション施設を整備し、九〇社とその従業員数約四〇〇人を数えるまでの集積となった。加えて、㈱まちづくり三鷹の設立と四〇もの具体的な支援事業を世の中に送り出してきた。

この「SOHO　CITYみたか構想」の取り組みは、日本で最初の自治体による「SOHO集積戦略」として注目を集め、多くの問い合わせと視察者があり、全国各地で「SOHOインキュベーション施設」整備の流れを創ってきた。本章では六年目を迎えた「SOHO　CITYみたか構想」の軌跡と課題、そして今後の展開の道を探ることにしたい。

1　「SOHO　CITYみたか構想」の真意

三鷹市は人口約一七万三〇〇〇人、面積一六・五平方キロ、東京都のほぼ中央に位置し、中央線で新宿まで一五分という立地にある典型的な郊外都市である。この緑に囲まれた住宅都市三鷹市が「SOHO　CITYみたか構想」を掲げ、地域情報化戦略を展開してきた背景には大きな理由がある。

第一に、既存産業の減少がある。バブル崩壊後の景気低迷の中で、商業は空き店舗の増加、後継者不足もあり商店街・商店数とも減少している。同時に工業でも、グローバル化の中で中堅工場を中心として市外転出や廃業が続いていた。このように商業工業とも既存産業が減少し続けており、既存産業に変わる新たな産業振興が必要となっていた。それも住宅都市と共存できる無公害型の新しい産業が切望されてきていたのである。

第二に、三鷹市の歳入の多くが市民税に依存していることにある。九割が住宅系用地で、残り一割りを商業系、工業系が分けるという用途地域指定となっており、全体歳入の六割を個人市民税が占めている。個人市民税の割合が高いことは、勤労サラリーマンを中心とした住宅都市として税収入の安定性を

図7—1　情報都市三鷹へのシナリオ

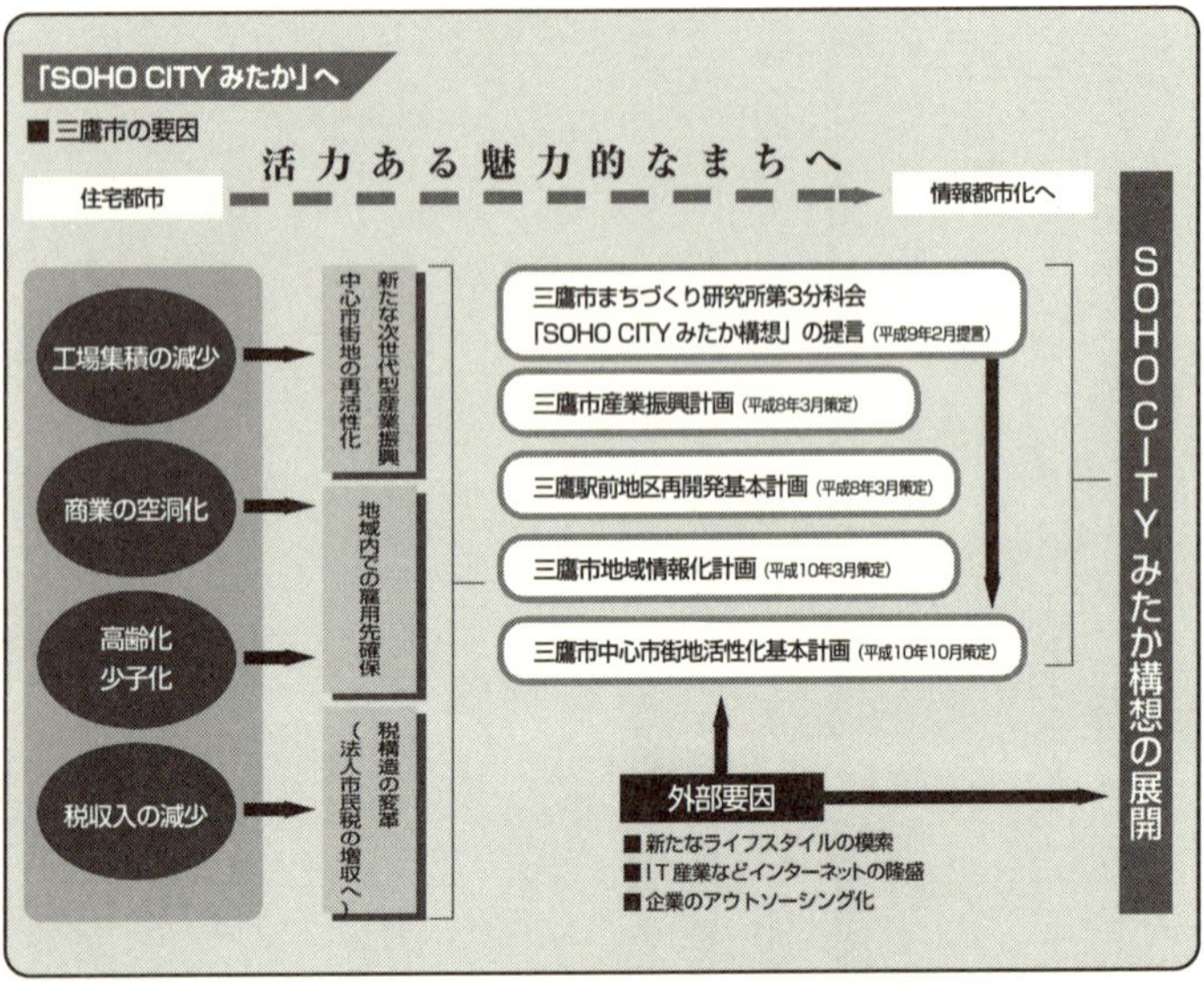

資料：㈱まちづくり三鷹編『MITAKA ism』2003年

示してきた。しかしながら、バブル崩壊で企業・事業所の経営不振が続く中で、個人所得の減少とともに税収入も減少しきた。

加えて、晩婚化や出生率低下による少子化とともにあと数年で団塊世代が定年となる大定年時代を迎えることにより、日本の人口構造は大きく変化していく。人口減少と高齢化は、年金生活者を増加させる一方で、生産労働人口を減少させる。サラリーマン所得に依拠している三鷹市では、税収の減少は避けられず、自立した都市経営の視点からも税構造の変革が求められてきた。

第三に、アメリカに遅れること一〇年、日本でもネットワーク社会が到来し、SOHOを作り出す環境が社会全体の中で生まれたことにある。企業の継続的なリストラやダウンサイジング化が実施されてきたことや、それに伴うアウトソーシングの拡大、これらは、社員を増やさず、パートナーや関連企業を増やして業務を拡大しようとする手法が、一般的になってきていることを意味する。

第四に、見逃してならないのが、仕事と生活の両軸に足をおいた新たなライフスタイルを求めている人間が多く出現してきたということにある。人生の豊かさや幸せの尺度が、戦後一貫して、仕事や企業と同一であったが、最近は個々の才能や技量に主眼を置いた仕事や生き方に価値が向けられる社会になってきた。速さや便利さが重要ではなく、やさしさや安全などの質が問われることになった。ファーストフードからスローフードへの流れや、コミュニティビジネスやＮＰＯの増加、「冬のソナタ」や「ヨン様」への憧れに見られるように純愛や初恋への傾倒はその一つの現象となろう。

こうした内部課題と社会変革の中で、三鷹市は自立的な都市経営を行うために必然性をもって「ＳＯＨＯ　ＣＩＴＹみたか構想」を掲げることになる。三鷹市の情報都市基盤を生かして、情報関連企業の誘致と企業家の育成を行うとともに、市内の農商工業、企業や組織、団体、市民の情報化を推進するもので、新たな都市型産業振興施策を含む地域情報化構想である。

具体的なイメージで言えば、住み暮らすまちとしての「住宅都市」から、共に働き、共に生きるまちとしての「情報都市」へと移行するための戦略である。その目的は、①減少する既存産業からＩＴ産業へと産業構造の転換を図る、②それにより地域雇用を推進し、職住接近型社会の仕組みを生み出し、③もって地域活性化と税の増収を図るというものである。

図7—2　SOHO CITY みたか構想戦略図

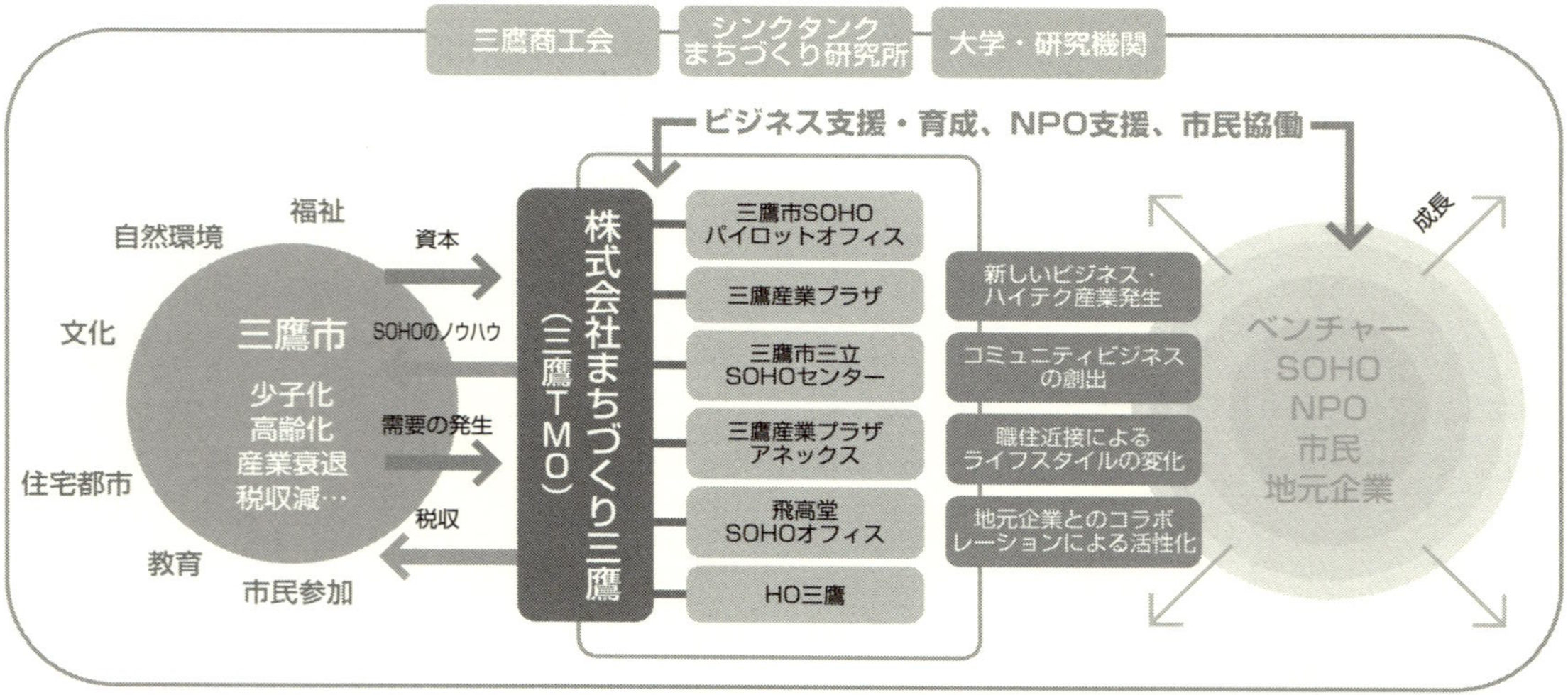

資料：㈱まちづくり三鷹編『MITAKA ism』2003年

「SOHO　CITYみたか構想」の戦略

三鷹市は、「SOHO　CITYみたか構想」を推進するにあたり仮説をたてた。それは、「SOHOはSOHOだけでは大きくならない」というものである。SOHOとは業態を表現するものであり、実際の企業規模で言えば、中小むしろ零細企業である。創業したばかりの小さい企業のみを集めても、大きな産業集積には至らないと考えたのである。経済統計からみても、創業後五年の企業存続率は約三割、一〇年後には約一割になり、この創業五年間の会社運営には大きなリスクが横たわっていることがわかる。そこで、「SOHO　CITYみたか構想」推進には、三つの大きな戦略をたててきた。

一つが、「SOHOを認め、後ろ盾になる応援団」の組織化である。市民や事業者、大学、研究所などの地域人材や機関を応援団として組織化し、地域全体でSOHOを育成するためのプラットホームを構築することである。

二つには、この構想に着手した九八年当時は、SOHOという概念や言葉も世の中に認知されておらず、市民や地域にSOHOのモデルを示し、SOHOそのものを表舞台に登場させるためのSOHOインキュベーション施設整備を行うというものである。加えて、インキュベーション施設で展開される人的なソフト支援サービスの実施である。

三つには、地域全体でビジネスチャンスを創造することにある。「SOHO　CITYみたか構想」は、市民や大学をも巻き込んだ地域情報化戦略であるということを先に示した。従って、企業だけに着目せず、地域に存在するすべての人材、情報、権限、施設、機関の中から地域活性化の糸口を見つけようと考えたことになる。特に産業における製品や技術開発の諸源となるのは、生活スタイルや人間の欲求にある。そうなると、生活に近いところで、産業の芽が生まれることになる。自治体は、まさに生活全般にわたる究極のサービス産業であり、自治体自らが、公共事業の中からそのビジネスチャンスを創造することが可能だということである。

この三つの柱を横断的、重層的に組み合わせることによって、効率的で、効果的で、即効性ある事業を展開してきた。以降具体的に解説していこう。

2　SOHO応援プラットホームの構築

三鷹市の仮説「SOHOはSOHOだけでは大きくならない」とは、SOHOの限界を認識していることになる。産業政策で重要なことは「現実的」であるということにある。夢や将来への期待も十分であるが、少ない財源と人材の中でいかに効率的に即効性をもって戦略を作るか。三鷹市に与えられた課題は常に重い。「SOHO　CITYみたか構想」は新規性のある勇敢な戦略ではあるが、その実現手段は、意外と地道な「人」と「縁」と「思い」をつなぐ手法にある。

「SOHO　CITYみたか構想」推進協議会

九八年七月、市民・企業・大学・行政機関等の参加を得て構想を推進し支援する組織となる「SOHO　CITYみたか構想推進協議会（会長・前田隆正氏）」を設立した。最初からこの構想に理解を示す方は少なかったが、粘り強い説得と三鷹市の真意を理解してくださった方々が、徐々に参加された。

時間がかかった分、相互の距離が縮まり、市民、事業者、大学などそれぞれの視点から意見や助言を行うだけでなく、ＳＯＨＯが抱える様々な課題を解決するために、技術、専門知識、人脈、情報そして実際のビジネスさえも提供できる「プラットホーム」としての動きが可能になっていった。当初は一六〇人を超える企業・個人が参加し、入居者審査の審査員や支援アドバイスなどの登場場面も多くあったが、㈱まちづくり三鷹の出現によって、現在その使命は小さくなってきている。

㈱まちづくり三鷹の登場とその役割

㈱まちづくり三鷹は、九八年に施行された「中心市街地における市街地の整備改善及び商業などの活性化の一体的推進に関する法律（以下「中心市街地活性化方法」という）」に基づき、三鷹市のまちづくりと「ＳＯＨＯ ＣＩＴＹみたか構想」を実践するまちづくり機関（ＴＭＯ・Town Management Organization）として九九年九月二八日に設立された。

第三セクターの株式会社と聞くと、社長は民間人を起用と思いがちであるが、三鷹市の場合には、市との一体的な事業展開が重要であるとともに自治体の公共サービスから新たなビジネスチャンスを創出しようとする戦略が根底にあった。そのため、自治体と民間の両者の発想をもった人物として、三鷹市の助役内田聖二氏を社長に据えた。二〇〇三年六月からは、市長交代もあり、内田氏はまちづくり三鷹の代表取締役に専念している。

まちづくり三鷹の事業は大きく四つに分かれている。[1] まずは、三鷹駅前の中心市街地活性化地域一七ヘクタールにおいては、三鷹ＴＭＯ構想に基づきＴＭＯとして、商業や商店街活性化事業を展開してい

図7—3　まちづくり三鷹の役割

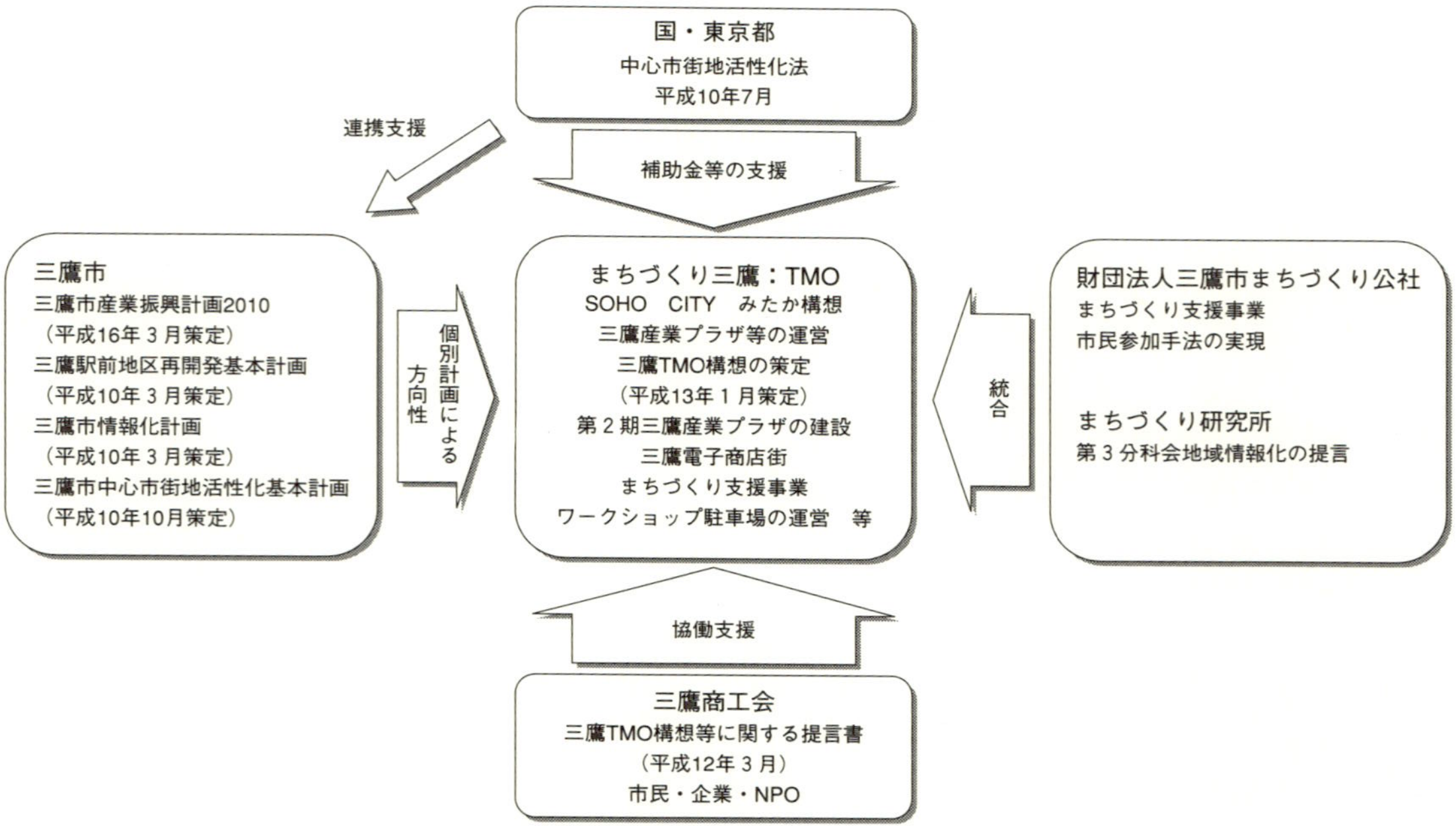

資料：㈱まちづくり三鷹編『MITAKA ism』2003 年

る。具体的には、三鷹電子商店街「みたかモール」の運営や、三鷹の森ジブリ美術館（正式名称・三鷹市立アニメーション美術館）開設を記念して宮崎駿監督が描いたキャラクター「ＰＯＫＩ」の商品開発、駅前買物用駐車場、駐輪場の管理運営等である。二つには、ＳＯＨＯインキュベーション施設の整備運営と支援サービスの企画開発。三鷹産業プラザを中心とする六カ所のインキュベーション施設の整備・運営とその入居者の誘致、ビジネスプランコンテストやＳＯＨＯフェスタなど、企業広報や販路拡大のためのしかけづくりとともに、市民や事業者向けパソコン教室や個人情報セキュリティ・セミナーなどの実施である。三つ目が、二〇〇一年四月に統合した財団法人まちづくり公社事業である。これは、市民のまちづくり活動への支援事業で、公園のワークショップやまちづくりのための講師派遣事業などの公益サービス事業からなる。四つめは三鷹市の行財政改革の受け皿としての事業であり、三鷹駅前市政窓口や市民住宅などの公共施設の管理運営事業となる。

「ＳＯＨＯ　ＣＩＴＹみたか構想」を推進するにあたり、まちづくり三鷹は、営利法人であるという点を最大限発揮しながら、その役割を果そうとしている。自治体は支援という範囲を超えられないが、株式会社では事業パートナーとしてその仕事の主体ともなりうる。あわせて、財団法人の事業を包含することによって、いわゆる既存産業（商業、工業）のみならず、農業者や一般市民との接点ができることになり、持ち込まれる情報に幅と厚みが加わり、思ってもいない発想や、思っても見ない組み合わせによって、ミスマッチがベストマッチになる可能性をもった地域プロデューサーとしての役割を担っている。

図7―4　インキュベーション施設類型

資料：㈱まちづくり三鷹編『MITAKA ism』2003年

駅前型
三鷹市SOHO パイロットオフィス
●所在地　三鷹市下連雀3-27-1
●開設年度　平成10年12月
●ユニット数　19
実証実験施設として開設、平成16年4月にインキュベーション施設としてリニューアル。

TMO型
三鷹産業プラザ（1期）
●所在地　三鷹市下連雀3-38-4
●開設年度　平成12年4月
●ユニット数　26
オフィス・商業エリア機能を合わせ持つビジネスプラットフォーム。

TMO型
三鷹産業プラザ（2期）
●所在地　三鷹市下連雀3-38-4
●開設年度　平成15年4月
●ユニット数　19
中心市街地の商業活性化の拠点施設。ITルーム（PC36台）でパソコンスクールを実施。

寄付型
三鷹市三立 SOHOセンター
●所在地　三鷹市下連雀8-3-1
●開設年度　平成12年4月
●ユニット数　19
寄付されたビルをSOHO事業者向けに改築・使用貸借している施

共同出資型
三鷹産業プラザ アネックス
●所在地　三鷹市下連雀3-32-3
●開設年度　平成13年4月
●ユニット数　7
民間の空床をパートナー企業と共同出資でSOHO事業者向けに改築。

オーナー支援型
飛高堂SOHOオフィス
●所在地　三鷹市下連雀3-35-16
●開設年度　平成14年4月
●ユニット数　4
民間オフィスビルをSOHO向け

ホームオフィス型
HO三鷹（エイチオーみたか）
●所在地　三鷹市上連雀2-6-7
●開設年度　平成15年5月
●ユニット数　10
民間事業者の協力により誕生したHO（ホームオフィス）タイプの

3　SOHOインキュベーション施設整備と支援メニュー

三鷹市とまちづくり三鷹は、九八年一二月に日本で最初のSOHOインキュベーション施設整備となる「三鷹市SOHOパイロットオフィス実証実験」を五年間の期間限定で開始した。ついで、二〇〇〇年四月には、中心市街地活性化法に基づく都市型産業集積基盤施設として三鷹産業プラザを、地域振興整備公団（現・中小企業基盤整備機構）とともに整備。あわせて、同年に市内事業者が寄付した社員寮を改造した三鷹市三立SOHOセンターをオープンした。この三施設は、規模や整備予算は異なっているが、いずれも三鷹市や国等の予算で整備されたもので、言い換えれば税金で整備されてきた公設型インキュベーション施設である。

この三つの施設の成功によって、民間ビルのオーナーや不動産関係者からもインキュベーション施設整備が注目を集めるようになった。そして、地域の事業者との連携によって、二〇〇一年四月には三鷹産業プラザアネックス、二〇〇二年四月には飛高堂SOHOオフィスが整備され、二〇〇三年四月に三鷹産業プラザ二期棟（商業店舗中心）、同年六月にはホームオフィス型であるHO三鷹が整備された。この五年間に、三鷹市やまちづくり三鷹だけでなく民間事業者や土地オーナーなどの協力を得て七つのインキュベーション施設が整備され、九〇社の入居企業を迎えてきた。

三鷹市SOHOパイロットオフィス実証実験

三鷹駅前から一分のコンビニエンスストアの二階フロアを賃貸して始まった三鷹市SOHOパイロットオフィス実証実験は、すべてが初めての実験であった。整備にあたり、三鷹駅前のマンションを中心にその一室で仕事をしている人や企業等にヒアリングやアンケート調査などを実施した。二年間で約三〇〇人のSOHOワーカーに実際に会い、彼らの実態や要望、課題をベースにパイロットオフィスの機能を設計した。パイロットオフィスは、企業が入居する「業務ユニット」と共同利用できる「SOHOサロン」とに大きく分かれている。業務ユニットについては、基本面積約五～一二㎡と専有面積を小さくし、打ち合わせコーナーや会議室、コピーコーナーなど共同で活用できる面積を広げ、コストをシェアするというコンセプトを確立した。加えて、総合受付やSOHO相談コーナーを設置し、コーディネーターが常駐する制度を創設し、人的な支援も同時に開始した。このハード（ユニット）とソフト（人）が共存するインキュベーション機能は、全国のスタンダードモデルとなり、各地域にその後誕生するベンチャーやSOHOインキュベーション施設に採用されていった。

三鷹産業プラザの整備（一期及び二期）

パイロットオフィスでのノウハウを本格的に展開したのが「三鷹産業プラザ（一期）」の建設整備である。三鷹産業プラザは、中心市街地活性化法により経済産業省の「都市型産業基盤施設整備事業」の制度を活用して、三鷹市の要請に基づき地域振興整備公団（現・中小企業基盤整備機構）が整備し、二〇〇〇年四月よりオープンした。二期については、まちづくり三鷹がTMOとして、経済産業省、東京都による「中心市街地等商店街・商業集積活性化事業補助金」と高度化無利子融資を活用して、テナントミックスの商業集積ビルとして建設整備し、二〇〇三年四月にオープンした。一期二期あわせて、約一万㎡もの施設となった三鷹産業プラザは、まさに三鷹市の産業振興拠点として本格的に動きだしている。

この三鷹産業プラザは、九六年に策定された「三鷹市産業振興計画」の主要事業の一つであり、産業支援機能（商業、工業、ＳＯＨＯ、都市型産業支援機能）、都市基盤機能（駐輪場、駐車場）、市民交流機能（相談情報提供機能、交流ネットワーク機能）と大きく三つの機能が導入され、各々が連携することにより相乗効果をあげている。

三鷹産業プラザは地下一階地上七階建て、一期棟の地下一階には、地域工業者のための精密測定機室、一階にはインターネットカフェ、二階には、まちづくり三鷹が支援機能として「三鷹市地域情報センター」を開設し、①総合受付、②相談事業（コーディネーター、専門家、技術相談）などのソフト事業を展開しているだけでなく、打ち合わせコーナーやレンタルパソコン、コピーサービス、ＪＩＳ規格書（日本工業規格）の閲覧など、様々な企業支援サービスを実施している。加えて、総合受付には、まちづくり三鷹のマネジャーも常駐し、人と人との出会いをコーディネートするとともに、日常でのビジネスマッチングや情報共有に努めている。三〜四階は、一五〜二〇㎡を基本としたＳＯＨＯユニットを中心に各一一部屋、五〜六階は、ＳＯＨＯというよりは中堅事業者向けの都市型産業フロアとなっている。

二期棟は、一〜二階は飲食フロア、三階にはパソコン教室が二部屋、三鷹商工会が事業者のために運営している情報の森、そして、出力センター機能をもった印刷会社が入居し、三階は産業プラザ入居社

図7―5　三鷹産業プラザ機能図

1. 産業支援機能

1. 商業支援機能
2. 工業支援機能（検査測定機能を含む）
3. SOHO支援機能（地域情報センター機能を含む）
4. 都市型新産業育成機能

2. 都市基盤機能

1. 駐車場機能
2. 駐輪場機能

3. 市民交流機能

1. 相談・情報提供機能
2. 交流・ネットワーク機能

資料：㈱まちづくり三鷹編『MITAKA ism』

や周辺事業者向けのまさにビジネス・コンビニとなっている。四階から六階は商品や企業のショールームであり、七階には、一期、二期を含めて五つの会議室が整備され、日常のミーティングだけでなく、三〇〇人規模のセミナー、展示会、物品販売や各種交流会など、これまで三鷹駅前にありそうでなかったビジネスコンベンションフロアとして、五割以上の稼働率となってきている。

民間との連携によるインキュベーション施設整備

三鷹産業プラザが市民や土地オーナー等に認知されるにつれ、民間事業者によるSOHOインキュベーション整備への動きも始まってきた。

三鷹産業プラザアネックスは、二〇〇一年四月に産業プラザの斜め向かいのビルの二階に開設された。アネックスの整備にあたっては、民間企業との共同出資、共同経営の手法を導入した。まず、㈱リエゾン（代表取締役社長・新川雅之氏。現在、㈱早稲田総研に事業継承）がビルオーナーからオフィスを賃借。まちづくり三鷹とリエゾンとで、割合を決めて整備費を支出し、その割合に比例して賃料収入を分けている。加えて、設計や家具の配置は大手オフィスメーカーとタイアップして整備し、オフィスメーカーの実際のＳＯＨＯショールームとしての役割を果すことによって、コスト低減を図っている。

インキュベーション施設の細かいマネージング、例えば、賃貸契約、来客者・郵便宅配の受付、コピー機器のリース契約、紙の補充などはリエゾンが行い、まちづくり三鷹は、入居者の募集と審査という役割を果たしている。

この手法では、三鷹市は従来と比べて、賃貸経費や整備費用等のイニシャルコストが半分で済むこと、施設運営にかかる人件費などランニングコストがいらないという財政的な特典がある。一方、リエゾンにとっては、自社オフィス床の賃料負担がないこと、一定金額の賃料収入が確保され、経営の安定を図れる事になり、共同出資型のインキュベーション整備手法は双方にとって多くの利点がある。

飛高堂ＳＯＨＯオフィスは、飲食店が入っていた建物をビルオーナーが自らＳＯＨＯ施設に改造したもので、まちづくり三鷹がその入居者の募集・審査業務を行った。オーナーにすれば、まちづくり三鷹が募集することで、常に確実な入居者が確保され、空きユニットの発生が回避でき、まちづくり三鷹は、事業代行により手数料収入を得るというビジネスモデルを作り上げきた。

この事例は、三鷹市のＳＯＨＯ構想がＳＯＨＯ事業者や地元の地権者やビルオーナーから一定の信頼と評価を獲得してきたことを示しており、今後は、二ケースのような共同経営型インキュベーション施設の整備が増えてくることが期待される。

HO三鷹の出現

前述のインキュベーションはSO（small office）向けであるが、二〇〇三年にはHO（home office）向けインキュベーションが遂に出現してくる。「SOHO CITYみたか構想」に賛同した民間オーナーが、アパートの建替えに際して、専用のキッチン・トイレ・浴室などがあるワンルームマンション型オフィスを建設した。従来の発想を逆転して、オフィス機能を主に居住機能を従にした設計コンセプトで、電話回線二回線や光ファイバーケーブルなどの情報設備が整い、共用施設としてコピー室（コイン式）、宅配ボックス、来客用駐車場などがある。こうした建築的機能や共用スペースの導入にはまちづくり三鷹がコンサルティングを行うとともに、入居者募集、審査代行を行い、まちづくり三鷹の信頼を利用して入居者を確保している。合わせて、HO三鷹は、三鷹産業プラザに徒歩三分という立地にあり、二階サロンの利用も可能である。

4 SOHO支援サービスの体系

「SOHO CITYみたか構想」は、インキュベーション施設の整備だけでなく、SOHO企業向けに様々なソフト支援やビジネスチャンスを創造するしくみを作り上げてきた。SOHOと一口でいってもその動機や働き方はさまざまに異なっており、大きくサイドワークタイプ、コミュニティビジネスタイプ、非拡大タイプ、拡大タイプの四つに分類できる。創業からの成長段階によって、それぞれ必要な支援メニューも異なることから、各類型及び経営段階に応じた支援サービスを実施してきた。当然ながら、体系化した全てのメニューをこの六年間で実現できたわけではない。今後、三鷹商工会や地域金融機関、都市銀行、ベンチャーキャピタルとの連携や提携などがいっそう必要となろう。ここでは、代表的な支援メニューを紹介しよう。

相談事業（コンサルティングサービス）

ＳＯＨＯは業種でなく業態であるため、同じメニューでは適切な対応ができないので、個々のコンサルテーションを重視してきた。その根幹をなすものが、この相談事業である。

基本は、三鷹産業プラザでのまちづくり三鷹のマネジャーや社員によって、日々のどこでも、いつでも行う「声かけ」にある。エレベータや廊下での挨拶や何気ない一言から、その接点を探ってきている。それによって、「ちょっと時間ある、ちょっといいかな」といっては、情報の収集やビジネスチャンス創出を日常の小さなきっかけから生み出そうとしてきた。

日常のモニタリングに加えて、月曜日から金曜日まで、三鷹産業プラザには、特徴あるコーディネーターが日替わりで相談を行っている。月曜日の萩原孝子氏は、三鷹商工会の経営指導二〇年の実績とその地域での人脈の広さを生かして顔の見える相談を実施している。火曜日には、五万人の会員を擁し、女性のための仕事ネットワークを構築した㈱キャリア・マム代表取締役の堤香苗氏が女性の発想、在宅ワークの視点からアドバイスを行っている。水曜日の㈲ビッツ&カンパニー社長の河瀬謙一氏は、三鷹在住で「ＳＯＨＯ倶楽部・ＳＯＨＯサロン」を主宰し、個性を尊重した小さなビジネスを大切にし、身の丈カンパニーなど創業時のコンサルティングを受け持っている。金曜日担当のアプリケーションプラ

図7—6　ＳＯＨＯ企業タイプ別ステージ

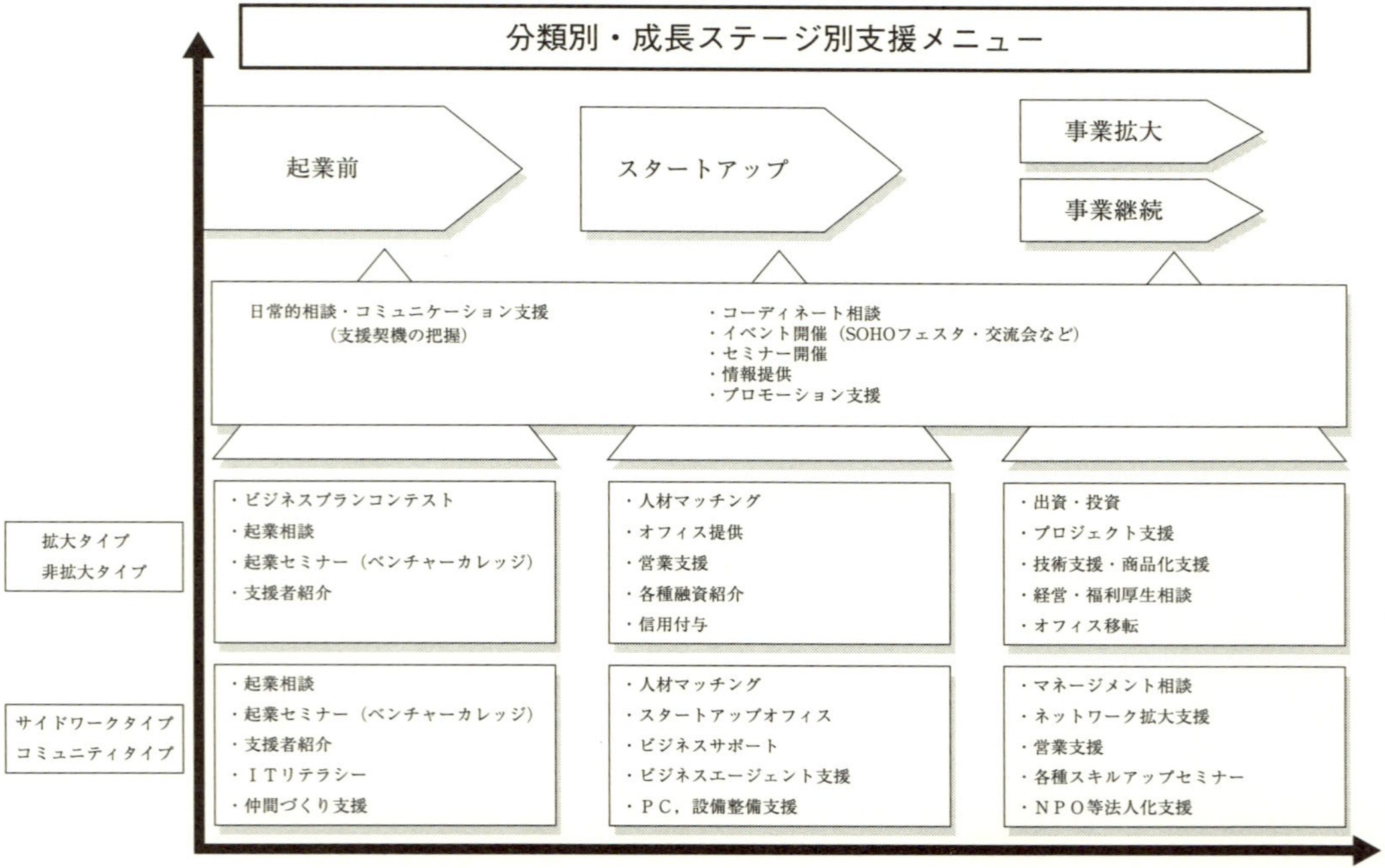

資料：㈱まちづくり三鷹、㈲ラクーン多摩『IT 系 SOHO の支援と地域産業とのネットワーク化による地域情報化の推進』2001 年

ス㈱の代表取締役社長の羽田野二稔氏は、技術志向が強いＩＴ業界にあって、社会・経済、人をベースとした開発を得意としており、システム設計プランニングやソフト開発分野を中心にしている。この四人のコーディネーターは、「ＳＯＨＯ　ＣＩＴＹみたか構想」の策定段階からの応援団であり、こうした外部の人脈が構想を支えている。

木曜日が抜けていると指摘される方もあろうが、木曜日には、三鷹経営コンサルティング協会が受け持ち、弁護士や公認会計士が税務や経理、特許や雇用などの具体的専門相談に応じている。

ビジネスプランコンテスト

三鷹市は都心に近すぎて企業誘致できないという状況にある。そこで、地域より新たな産業、新たな企業、新たな人材を発掘することを目的に、二〇〇〇年より「ＳＯＨＯ　ＣＩＴＹみたか構想ビジネスプランコンテスト」を実施してきた。毎年約五〇件の応募があり、最優秀賞には一〇〇万円の賞金を授与している。ここまでであれば、全国に数あるビジネスプランコンテストと同じである。三鷹のコンテストの最大の特徴は、賞を授与した時からが本当のスタートとして位置づけている点である。

例えば、第二回の最優秀賞を受賞した「㈱唱和化成（代表取締役社長・芝田由和氏）」が開発販売している手すり一体型カウンターを、第二期三鷹産業プラザ建設時に、洗面所すべてに採用した。それにより、唱和化成にとっては、三鷹産業プラザが東京での実際のショールームとなるとともに、三鷹市やまちづくり三鷹での採用という実績、いわば最初のお客様になることによって販路拡大のチャンスにつなげることを可能としている。

あわせて、二〇〇二年よりは学生ベンチャー賞、地域貢献賞を創出し、大きなビジネスにはならないが、コミュニティビジネスや地域活性化に貢献できるユニークな事業や幅広い人材を見つけ出そうとしている。

SOHOベンチャーカレッジ

日本の高齢化の影響は、ひたひたと毎日の生活の中でその姿を現わしてきている。市内では、中高年の第二創業や主婦、学生の起業や創業が底辺からじわじわと湧きあがってきているように見える。

二〇〇三年より起業への事務手続きや事業計画の作成指導など具体的創業セミナー「SOHOベンチャーカレッジ」を開催している。二〇回の講習会講師陣は、市内の企業者、税理士、金融機関など、企業とかかわりを持つ実務家であり、ほとんどがいわゆる無名な方々である。しかし、講師の方々はこの地域にいる人々のため、三鷹市で創業しようとすれば、講師陣がそのまま支援者であり、連携企業先となりうるということである。こうした顔の見える関係づくりをもって地域全体での創業環境を創くり出そうとしている。

多くの創業塾がある中で、当該セミナーを受講した理由では、家に近いというものが多く、創業なら自宅近くで、地の利があるところから始めようとしていることがわかる。卒業生もしばしば顔を見せ、各期の交流も始まってきており、卒業生が講師に抜擢されるなど、創業→支援→自立となる好循環にもなっている。

5 自治体発のビジネスチャンス創出のしくみ

「SOHO CITYみたか構想」の戦略の一つに、自治体の近くやその周辺でビジネスチャンスを作り出すことであると述べてきた。いわば、ビジネスの種を公共事業の中から見つけ出そうとする動きである。現在三鷹市とまちづくり三鷹では、企業、大学、市民、NPOなどとの連携を進め、社会的な新たな実験や技術開発など具体的な事業に取り組んでいる。

あすのまち三鷹プロジェクト

日本を二〇〇五年までに世界最先端のIT国家にすることをめざす「e-Japan戦略」のもとに、各省庁は先進的な情報通信技術を用いた様々な実証実験に取り組んでいる。

三鷹市においても、これまでの学校インターネットなどの先進的な取り組みが評価され、総務省・経済産業省の「e!プロジェクト」や電子自治体パイロット事業が実施されてきた。「あすのまち・三鷹」プロジェクトは教育・福祉・環境など、さまざまな分野での「先導的モデル事業」「実証実験事業」を、三鷹市をステージとして展開しようとしている。IT、ロボット、eデモクラシーなどの新しい技術やシステムが、人間の、より自由で豊かな生活に寄与する地域社会を体験できる「モデル展示場」にしていこうという新たな挑戦の仕組みである。市民と企業、大学そして三鷹市が一緒になって、「明日はどうあるべきなのか」、ほんの少し先の未来、つまりは明日にでも実現できる「自由で豊かな地域社会」を創り出すための実験プロジェクトとなっている。現在の会員数は、大学九、大手企業を含めて企業数六〇、NPO七、個人一六人と会員も増加し、それぞれが独自の提案や企画を工夫して、様々な事業や実験に取り組んでいるが、例えば、「e-school」実験では、次世代インターネット網（IPV6）を活用し、学校と家庭を無線LANで結び、先生の授業を家のパソコンから視聴することや動画を盛り込んだ学級通信、学校外への授業参加など様々な可能性を模索している。

二〇〇五年秋には、このプロジェクトは「ネットワーク大学」として形を変え、周辺大学と企業との結びつきを一層強固なものにしようとしている。

「みたか子育てねっと」構築

少子化の中で、「子育て支援」は最も重要な福祉施策の一つになってきている。三鷹市では、二〇〇一年からITを活用して、市の保育施設と行政サービスはもとより地域の子育てに関する施設、情報、人材を連携することにより「ワンストップで二四時間、情報提供すること」できる「インターネット・ポータルサイト・みたか子育てねっと」の構築に着手してきた。

「みたか子育てねっと」は、実際の利用者である親や保護者が作り手であり、まちづくり三鷹がシステム設計やワークショップと実際のサイト運営を行っているのが大きな特色である。この形式は、多様化する市民ニーズを行政だけで対応するのではなく、市民と民間のノウハウも活用しながら、効率的でかつ柔軟な運営態勢を実現したことになる。「みたか子育てねっと」には、三鷹市が情報提供・運営する①子育て行政情報ナビゲーションシステム＝手当や保育園情報、②インターネット相談、③ファミリーサポートシステム＝援助会員と利用会員のマッチング、報告書作成管理業務支援、④市民がつくる地域サイト「子育てコンビニ」＝健康、レシピ、遊びなどの地域情報も加え、総合的なサイトとして構成してきた。二〇〇四年一二月には、月の利用者約二万人、アクセス件数一二万ページビューを記録する人気サイトになってきている。

まちづくり三鷹では、「みたか子育てねっと」をベースとして、自治体向け子育て支援システム「e子育てねっと」を構築し、他の自治体に販売を開始した。これはある意味では自治体がもつノウハウや経験を生かした知的財産権の行使であり、自治体発のビジネスとなっている。

NPO子育てコンビニの誕生

地域サイト「子育てコンビニ」構築には、母親や育児休業中の父親など年齢、性別、既婚未婚を問わず五〇人がボランティアとして参加。ワークショップでは、編集方針や地域サイトのイメージを固め、自分達が地域で欲しい情報を求めて、取材や写真撮影にでかけ、戻ってきてホームページソフトでページを作っていった。

ボランティア活動が始まって一年後に、「パソコンスキルを生かしたい」「社会参加を進めたい」と感じた二〇人の母親や女性が、子育て支援グループ「子育てコンビニ（代表理事・新堀仁登李氏・サイト名と同じだがこちらグループ名）」として独立。二〇〇二年はNPO法人となり、育児と仕事を両立させる道を歩み出した。現在メンバーは五〇人となり、三鷹市のサイト運営だけでなく、新製品のモニター、パソコンソフトの販売、市内企業のサイト作成など活発な活動を行っている。

「NPO法人子育てコンビニ」の設立は、「みたか子育てねっと」構築の過程で生まれたもので、行政の一事業からでも、女性の起業化が進むということを証明したことになる。もともと地域には、個々が活き活きとして働く場や自分発見につながる仕事場が不可欠であるが、自治体は、その仕事場の創設は民間だけが作れると思い込んでいるか、もしくは自らの役割であると思っていない。しかし自治体は、この「みたか子育てねっと」のように、行政と市民との協働領域の仕事を、増加させることは十分に可能である。特にコミュニティビジネスを生む条件は、福祉や子育てなど多くの課題を抱えている現場こそにチャンスがある。言い換えれば、コミュニティビジネスの推進は、地域内の問題解決を進める格好の手段となってきていると言えるだろう。

産官学の技術開発——地域新生コンソーシアム事業

新たな産業創出や技術開発には、大学との連携も不可欠である。まちづくり三鷹が管理法人となって、地元企業、大学との共同チームを結成し、積極的に国の支援制度に公募している。

二〇〇二年から二〇〇三年にかけての二年間、経済産業省の産官学の研究支援スキーム「地域新生コンソーシアム研究開発事業」に採択され、「超微細手術を可能とする高解像度立体視顕微鏡及び新医用器具の開発」に取り組んできた。帝京大学医学部の黒島永嗣教授の医療シーズに基づき、市内企業である三鷹光器㈱（代表取締役社長・中村勝重氏）が顕微鏡とその保持装置を、千葉県市川市の㈱河野製作所（代表取締役・河野幸雄氏）が手術用の針、糸とその持針機の開発にあたり、電気通信大学の武田光夫教授が、血管の三次元映像の開発にあたることとなった。チームでは、指等が切断されたときに微細血管の縫合で指の機能が再生されることから、微細血管の縫合に必要な〇・五ミリから五〇ミクロンのいわゆるバイオの領域の組織が検視可能で、さらにドクターが手術可能な高さ二五センチを確保した立体視顕微鏡の開発と〇・五ミリから五〇ミクロンの縫合を可能とする針及び糸そして針を保持できる持針機を総合的に開発した。

技術者がいない㈱まちづくり三鷹が、コンソーシアムの管理法人としての役割を果せる背景には、地域の企業や地域の大学とその教授を熟知しているだけでなく、国や東京都の支援や研究開発の委託事業などをよくリサーチして、必要な時に必要な人にその情報を提供し、背中を押すことができる環境にあるからである。こうした見地からみれば、産官学共同事業の成否は、技術以前の問題、情報や人材の要素が大きく、自治体や商工会議所や商工会など、地域の情報や人材を良く知る機関がそのマネージメントすることが成功の鍵を握っていることがわかる。

三鷹光ワークス

地域新生コンソーシアム事業着手をきっかけとして誕生したのが、「三鷹光ワークス」である。多摩地域に存在する大学や企業の集積を有機的に生かすためには、常に研究開発や事業実施のプラットホームが存在することが重要であるとの認識のもとに、コンソーシアムのメンバーを中心に、国立天文台や電気通信大学など市内の光に関する大学や企業などに所属する一四人で設立した。

光技術に注目した背景には、国立天文台の存在が大きく、三鷹市やその周辺地域には早くから、宇宙や光工学、通信関連の研究所や企業が多く集積している。光は古い技術ではあるが、今世紀になって、再度脚光を浴び、半導体微細加工やレーザー加工を利用した光デバィス機能や通信及び情報家電機器やバイオ・分析機器への応用や、光学材料の微細加工技術とライフサイエンス分野などへの応用が大きく期待されている。そこで、三鷹市の光を中心とした歴史的な環境や企業集積を生かして、いまこそ「光」なのである。

光ワークスでは「光」の基本的機能に着目し三つの役割を果たそうとしている。一つには、天文工学や宇宙工学に限らず、新たな分野への応用を進め製品開発を行うこと、二つには、未来を担う人材の育成を行うこと、三つには、産官学の三者の通訳を果し、人材と情報と技術の融合化を図ることにしている。

二〇〇四年から具体的に、レンズ設計の体系的研修セミナー三コースを開設。「レンズがわかるセミナー」では、㈱レンズ屋代表取締役社長の永田信一氏が、「レンズ設計セミナー」「ハイエンド技術者向けレンズ設計セミナー」では、㈱ジュネシア代表取締役社長の武山芸英氏が講師を務め、実際の実務経験に基づきこれまでのノウハウを惜しみなく伝授している。セミナーには、大手企業からの受講生も多く、現代の「光寺子屋」としての存在になり、具体案件解決のために三鷹市まで通ってきている。このセミナーの参加者の動きから、大学や企業内でも「レンズ設計」に関する体系的な学問や研修の場は、いまや日本には存在していない状況に見える。三鷹光ワークスを母体とした、光の体系的、基礎的なセミナーの重要性は今後高まる可能性を見せている。

ＳＯＨＯパイロットオフィスを利用して、シニアＯＢがパソコン講習会を開催していたが、次第に講習会参加者が増加し、地域でのパソコン情報交換サロンへと広がっていった。この流れの中で、シニアがＩＴスキルを身につけることで、地域活動やまちづくりへの動きが活発化し、ビジネスチャンスを産むと確信した人物がいた。堀池喜一郎氏である。堀池氏は当時また、大手家電メーカーの役員であったが、このシニアの動きに注目して、地域でのシニアのビジネスのための組織「シニアＳＯＨＯ普及サロン・三鷹」を仲間とともに設立した。その後二〇〇〇年にはＮＰＯ（特定非営利法人）の認証を得ている。

シニアＳＯＨＯ普及サロン・三鷹は、退職後初めて地域に帰還した高齢者にとって、地域との接点の場であり、仲間づくりの場であり、自分のこれまでのキャリアや専門知識を生かせる場、つまりプラットホームとしての役割を担ってきている。いわば、シニアに居場所と肩書きと若干の収入を約束している。主要な事業は三つで、インターネットが使いこなせるまでにサポートする「ＩＴリテラシー研修会」、講習会で培ったスキルを活用してＩＴ講習会への講師派遣などの「ビジネスマッチング活動」、会員相互の信頼を築き、仲間づくりとなる「交流活動」となっている。現在会員は約三〇〇人となり、ワーキングチームは、言い出した人を中心に、予算や利益配分、参加者なども全て自主運営方式をとっている。

ご存知のとおり、今年、戦後生まれの世代が満六〇歳を迎える。団塊の世代もあと数年で、定年時期を迎え、世の中は高齢化というよりも中年化へと進んでいる。一部新聞では、大定年時代とも名づけている。彼らは企業人して生きてきたが、今後は地域人としての人生が待っており、いわば「職縁」から

「地縁」に帰ってくる。彼らの地域での生き方は、今後の都市経営の大きな課題の一つとなってきた。三鷹市でも毎年二〇〇〇人の退職者が地域に戻ってくる。平均寿命が男性七八・四才、女性八五・三才とすると、男性で約二〇年、女性で二五年もの地域での生活が待っている。彼らが尊厳をもって人生を全うするには、やはり地域での仲間づくり、居場所、そして役割が必要になってきている。

シニアSOHO普及サロン・三鷹の出現は、この高齢化問題の解決策の最も有効な処方箋であり、モデルケースとなっており、この動きが三鷹市から生まれたことは、「SOHO CITYみたか構想」の最も大きな成功事例といえるだろう。

二一世紀を迎え、地方自治体を囲む社会環境は大きく変化している。地方分権の流れがいっそう加速され、合併、三位一体改革により権限と財源委譲が進み、これまでのように国や県の委任機関、下請機関から、地方自治体は自らの意思と創意工夫によるまちづくりや、自立した都市経営が重要となってきた。

一方で、公益法人制度改革に関する有識者会議から二〇〇四年一一月に提出された『報告書』では、少子高齢化社会のなかにあって、個人の価値観が多様化し社会のニーズが多岐にわたり、行政や市場だけではその課題に対応しきれなくなってきたと指摘され、個人や企業の自由で自発的な活動に支えられた民間非営利部門は、従来以上の役割を果すことが期待されている。この報告書が示すまでもなく、実社会では、NPOや自主的な市民活動が活発化する中で、営利と非営利、公共事業と民間事業との垣根が低くなるとともに、融合化いわゆるコラボレーションが始まってきている。公益事業は必ずしも官である行政部門だけが担うのではなく、NPOやまちづくり三鷹のようなTMO、市民組織が主体となる場面が増加してくることになろう。あわせて、少子化による人口減少が現実となり、団塊の世代を含む大定年時代が始まった社会においては、新しい主体や仕組みの創造が必要となってきている。

こうした変革の中で、「SOHO CITYみたか構想」は、行政と市民、企業による産業・情報戦略のコラボレーションの先駆的モデルとなり得るものである。本章では「SOHO CITYみたか構想」の六年間の活動を記述してきたが、実に多くの方々や機関が登場してきたことに驚かれただろう。三鷹市の最大の強みは、一つひとつの事業の主役が市民と企業人であるということであり、加えてその多彩な顔ぶれにある。舞台やシーンごとにその配役や衣装も交代できるほどに地域人材層の厚みがある。それによって、事業やプロジェクト毎に、企業と企業、企業と市民、市民と市民だけでなく、行政と企業、市民との新たな連携の形態を生み出してきた。

まちづくり三鷹が設立されてから五年を迎えたこともあり、二〇〇五年一月には、これまで実施してきた事業や政策を客観的に分析するために、SOHO事業者やその支援企業にアンケート調査を実施した。調査結果では、インキュベーション施設入居者は非入居者よりも、ビジネス支援メニューの利用頻度も高く、各種イベントや交流会へも積極的に参加していること、入居企業のほうが売上額の伸びも高く、順調に企業経営している姿がうかがわれる。物理的にもまちづくり三鷹との距離も近く、頻繁に顔を合わせることで提供された情報への関心も高いようだ。「ビジネスチャンスがあった」「SOHOの仲間がいる」などの効果をあげる入居者も多く、業務床機能（ハード）のみならず、情報提供や人的支援メニュー（ソフト）の成果がここで花開くまでになってきた。こうした結果から、インキュベーション施設は、SOHO集積の原動力であり、人と情報の港（ポート）となるものであり、「SOHO　CITYみたか構想」をさらに進展させるためにもインキュベーション施設の整備は不可欠であるといえる。

この六年で、SOHO事業者も拡大志向が強まるとともに、最終目標も上場というように高まってきており、今後は、成長型ベンチャータイプ（IPO型）も対象とし、増加しつつある海外取引も視野に入れたビジネスメニューの構築が重要となるであろう。まちづくり三鷹のプロデュース機能の力量不足も指摘されており、この調査結果を真摯に受けとめ「新たなSOHO　CITYみたか構想」へのバネとしていきたい。挑戦はまだまだ続く。

（1）三鷹TMO構想は、TMOである株式会社まちづくり三鷹が、中心市街地活性化地域でTMOとして活動する場合の事業計画を記述したものである。

第八章　長崎県の東京産業支援センター
――東京営業拠点の形成

東京千代田区の平河町に「都道府県会館」というものがあり、各県の東京事務所が置かれている。それは各県の情報の受発信の窓口とされている。その他に、従来、各県は東京に出張で来る職員のための宿泊施設を持っていた。これらは都心の一等地にある場合が少なくない。だが、近年、交通体系が劇的に改善され、日帰り出張が多くなっている。また、旅行会社による航空便とホテルがセットになった格安の旅行パックも出てきた。私などもこれでたいへんに助かっている。現在では、都心の各県の宿泊施設はすでに歴史的使命を終えているようである。

そのため、各県ではこのような施設の閉鎖、売却、再利用などが模索されている。財政力の弱い県では売却に向いているようだが、一部の県では地元の企業の東京進出の受け皿として再利用しようとしている。地域の企業が地元レベルを脱却し、大きく羽ばたいていくには東京に拠点を持たせることが重要との判断であろう。二〇〇一年末からスタートしている長崎県が最初であり、その後、石川県もほぼ同様の取り組みを示している。他の県もこれらの取り組みに関心を寄せているのである。

1　県内企業の首都圏進出の足掛かりの形成

長崎県の場合は、宿泊施設がＪＲ四谷駅から二分ほどのところにあった。宿泊施設としての役割を終えた四階建ての建物の再利用が模索され、長崎県内企業の東京進出の足掛かりにならないかということになり、オフィス用に改装していった。この点、県の条例は「県内の中小企業者に対して、首都圏における販路開拓や情報収集等の事業活動の場を提供するとともに、県内産業に関する情報の発信拠点として、長崎県東京産業支援センターを設置する」と述べている。

各室の広さは一二㎡から三二㎡まで、三九室が用意されている。ホテルと違って古いタイプの宿泊施設であったことから、各室には浴槽やトイレはない。洗面台だけがついている。また、従来の会議室もそのまま共用の会議室（二室）として提供されている。さらに、かつての食堂の部分は長崎県の企業（素兵衛屋）が、県産品をベースにするこだわりのあるレストランに綺麗に改装していた。

「場所が良くて、安い」

ＪＲ四谷の駅から徒歩二分の好立地で、家賃は共益費込みで約二五〇〇円／㎡。三タイプのうちの真ん中の一五㎡の場合のモデル家賃は約三万八〇〇〇円／月とあった。周辺に比べて圧倒的に安い。入居の条件は「原則として首都圏に営業拠点を持たない長崎県内の企業で、首都圏における販売拡大を目指す企業」とあった。入居期間は、利用状況をベースに「許可は一年間ごとに更新。更新は二回まで（最

写真８―１　東京産業支援センターの１階ロビー

長三年）を原則とするが、企業の活動状況、部屋の空き状況を勘案し、特例的に最長五年まで入居可能」としていた。

二〇〇一年一一月から入居が始まり、本格的には二〇〇二年四月からスタートしている。二〇〇五年一月末現在の入居者は複数の部屋を借りている場合もあるために三六社。業種的にはソフト関係が約半数。また、食品関係の企業も目立つ。従業員の規模でみると、三〇〇人を超える中堅企業もあれば、二〜三人の小規模なところもある。いずれも首都圏市場への関心も深い意欲的な企業の集まりのようであった。

ちょっと変わったところでは、長崎県人クラブというものが入居していた。いわゆる県人会ではなく、首都圏に出ている長崎出身の経済界の方たちの集まりであり、時々、会議室で講演会などを開き、懇親会でレストランを使ってくれる有り難い存在である。

また、入居にあたっては、県による厳しい審査がある。長崎県にとっては優良な期待できる企業を選抜している。

利用は二四時間可能であり、宿泊は原則禁止だが、徹夜で利用することは可能とされていた。利用者に感想を聞いてみたが、「首都圏への営業拠点として使っている。場所が良くて、家賃が安い。こんな良いところはない」と応えてくれた。管理人の方は元県職員。同郷の方々の集まりということでお互いの信頼関係は十分と見た。

安くて便利な施設で自然体の交流

従来から、地方の県では東京にビジネスサポート・センターなるものを設置している場合が少なくない。有楽町駅前の交通会館内の秋田県（三・三㎡／一四ブース）、霞が関の山形県（三・三㎡／二〇ブース）、有楽町の鹿児島県（三・一㎡／一〇ブース）などが以前からよく知られている。これらは、いずれも県の物産館の一角に一坪ほどのブースを一〇から二〇コマ設置したものなどが多い。また、いずれも家賃は一坪で月六万円ほどである。また、利用も二四時間というわけにはいかない。

これに対し、宿泊施設の再利用という長崎県のケースは、洗面施設もついた二四時間利用可能の完全な個室であり、共用の会議室もある。各フロアにはトイレと給湯室がある。十分な施設と見た。しかも安い。私も入りたいほどのものであった。

県とすれば、当初、管理人は置くものの、入居者の自主管理のための自治会の結成も期待していたようだが、三年を経過した現在、そのようにはなっていない。だが、自治会がなくとも同郷の企業ということでお互いの信頼も厚い。県の厳しい審査を通ってきた企業どうしということで、雰囲気はかなり良

表8—1　長崎県東京産業支援センターの入居者一覧

部屋番号	会社名	業種
102	㈱素兵衛屋	素麺販売
201	㈳長崎県物産振興協会	団体
202	川崎興産㈱	書店、IT 関連販売・コンサル
203	菱興産業㈱	機械類製造業
205	㈲アイピーエス	通信ソフト開発業
206	㈱狩野食品	食品製造業
207	㈱アップルドクター	医療用ソフト開発
208	㈱エスアールアイ	プロンプター販売
210	㈱みそ半	食品製造業
211	㈲コルト	広告デザイン業
212	ユニオンソフト㈱	ソフト開発業
213	㈲森システム	医療用機器開発
215	コミュネット㈱	ソフト開発業
216	コミュネット㈱	ソフト開発業
301	㈲和泉屋	菓子製造・販売
302	西日本魚市㈱	食品製造業
303	㈲亀山堂	食品販売業
305	扇精光㈱	商品販売業
306	㈱小川エンジニアリング	土地測量・調査
307	㈱大光食品	食品製造業
308	空室	
310	㈱クリエイトパワー	ソフト開発業
311	㈱マサキ・エンヴェック	屋上緑化機材販売業
312	㈲サイスタット	医療用ソフト開発
313	㈲ツートップ	ソフト開発業
315	㈱エコ・ネット	クリーニング業
316	協和機電工業㈱	機械類製造業
401	㈱ドリームバンク	情報通信ソフト開発
402	㈱山晃	アルミ加工業
403	㈱日本ビジネスソフト	ソフト開発業
405	㈱テクノフロンティア	ソフト開発業
406	㈲ホップインフォメーションシステム	ソフト開発業
407	㈲ドゥアイネット	ソフト開発業
408	㈲サンビッグ	一般産業廃棄物処理
410	イサハヤ電子㈱	IT 部品製造業
411	㈱丸信機械製作所	機械類製造業
412	長崎県人クラブ	団体
413	㈱日本理工医学研究所	機械類製造業
415	㈱日本理工医学研究所	機械類製造業

資料：長崎県東京産業支援センター、2005 年 1 月末現在。

いものであった。年に数回は入居者と管理人とで懇親会を開いて交流を重ねていた。管理人、入居者のいずれからも、特に問題はない、との反応であった。

2　地方IT会社の東京進出支援

入居企業は食品関連、IT関連、ニュービジネスなどが目立つ。特に、長崎県の場合は五島列島等の離島が多く、IT産業の育成に意欲的である。二〇〇五年一月末現在の入居者三六社のうち、四〇%を越える一五社がIT関連であった。離島との間の通信、また、孤立した地域での産業化の一つの方向をIT化と見定め、そこで育ちつつある中小企業を全国に売り出そうというのであろう。県の取り組みも実に積極的なものであり、インキュベータの設置、海外との経済交流、各種の補助金等、多方面にわたる支援を行っている。地方の県としては、地域からの新たなタイプの企業の創出に力を入れているのであろう。

ここでは入居者の中から二つの代表的な企業の動きを見ていくことにする。

地方の優位性を最大限享受するソフト企業（ユニオンソフト）

ユニオンソフトの濱田利夫社長（一九五二年生まれ）に初めてお目にかかったのは二〇〇三年末、長崎の本社であった。開口一番、「会計から不動産、営業まで、多くの仕事に携わったことが今につながっている」と語り始めた。地元の長崎西高校、そして大分工業大学（現、日本文理大学）経営工学科を卒業後、雲仙ロープウェイを皮切りに、不動産業などを経て、親戚のシステム開発会社に転じ、以後、プログラマー、システムエンジニアとして複数の会社を経験している。ようやく九四年に独立創業した。夫人と在宅の従業員の三人でのスタートであった。

創業当初は地元の食品小売店のPOSシステム、消防署指令室の情報表示ソフトなどの受託開発に従事していた。一人で何役もこなさねばならなかった当時は、濱田氏はビジネスソフトのインストラクターの資格を取得し、若い女性インストラクターに混じって働いていた。そして、この経験が、後の「脱下請」のキッカケとなっていく。特に、業務ソフト「奉行」シリーズで有名なオービックビジネスコンサルタント公認のサービス・サポート店として、ベストセラーソフト「勘定奉行」の販売に携わったことが大きかった。顧客である中小企業と付き合ううちに、大手メーカーの財務会計ソフトと連動する手形パッケージソフトがないことを発見する。

「ソフト会社として生き残るには、汎用性のあるオリジナルソフトを開発するしかない」と見定め、九六年、その後のユニオンソフトの発展を基礎づけた「手形の達人」の開発に着手した。この間、地方ゆえの優位性であろうが、長崎県から数回にわたって開発補助金を得ている。大都市ではそのような手厚い助成を得ることは難しい。

九七年六月、ユニオンソフトは独自開発の手形管理ソフト「手形の達人」を発売する。手形の振り出し、受け取り情報を入力するだけで、手形の仕分け作業を効率化できるものであった。最大の特徴は市販の財務会計ソフトと連動している点にあった。発売初年度に第一回長崎ソフトウエア評価会に出品すると、ソフトバンクに認められ、全国販売につながった。これまで、累計で約三〇〇〇本以上を販売、

写真８―２　ユニオンソフトの東京オフィス

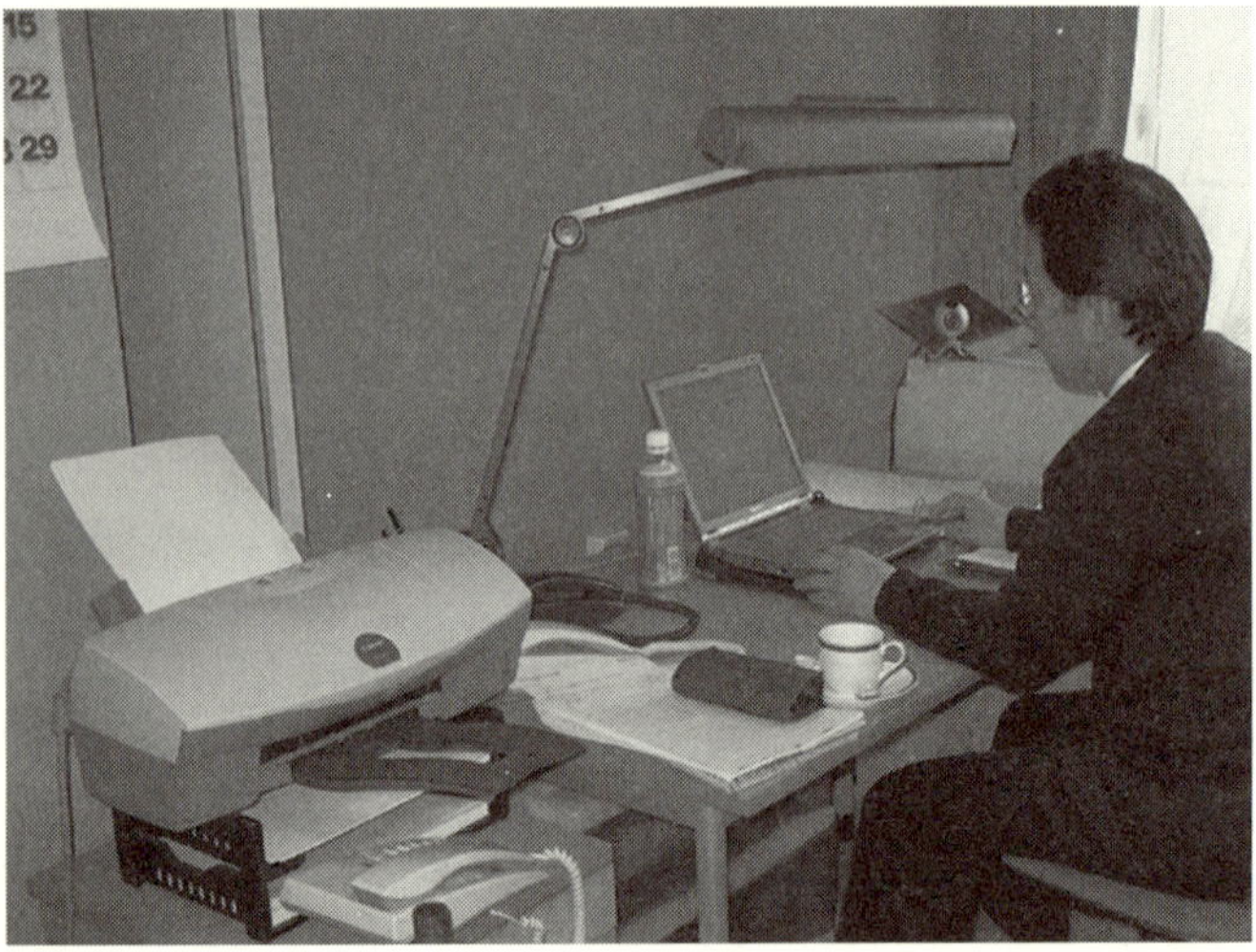

九九年には第一一回中小企業優秀技術・新製品賞（ソフト部門）優良賞を獲得している。

だが、オリジナル商品を持ったとはいえ、一つだけでは不安もあり、その後、資金繰りの部門に注目、既存の財務会計ソフトと連動し、現状把握から将来のシミュレーションもできる「資金繰りの達人」というソフトを二〇〇二年七月に発売に至っている。このソフトはユーザーの中小企業ばかりでなく、彼らを顧客とする金融機関にも高く評価されている。

実は、この長崎県東京産業支援センターを知ったのは、二〇〇三年末の長崎の濱田氏への訪問の時であった。濱田氏は「長崎県は中小企業の支援に非常に積極的で、知事も熱心」「知事からは公開企業五〇社が目標、早く上場しろとハッパをかけられている」と苦笑していた。また「東京は会社の数が多く、自治体の助成やバックアップは受けにくいでしょう。小さい会社をやっていくには、むしろ地方にじっくり腰を据えた方が良い場合もあります」と語っていた。現在のユニオンソフトの従業員は一一人、東京オフィスには一人が常駐している。実際の受注の九〇%は東京であることから、東京オフィスは二人に増員する構えであった。

長崎は離島が多い。「離島振興のためにも在宅でも可能なソフト産業を拡げ、技術者養成の学校も作りたい」と語る濱田氏は「商売以外に、お役にたつことをしていきたい」と語るのであった。自治体の幅広い支援を受け、主戦場の東京オフィスを展開し、そして地元への貢献を強く意識しているのであった。ユニオンソフトは、長崎県の産業支援施策の意図するところを受け止めたモデル的なケースとして見ていく必要がありそうである。それは地方に軸足を置く企業の新たなあり方として注目されるであろう。

ＩＴで人に喜んでもらう（ドリームバンク）

長崎県東京産業支援センターに入居するドリームバンクを訪問すると、即、「プレゼンテーションをしたいので、部屋に来て下さい」とのことであった。四階の部屋は一五㎡ほどの狭いものであったが、大きな液晶画面のディスプレーが置いてあった。「まず、現物をみて下さい」と社長の福田公文氏（一九六七年生まれ）は、ニコニコ顔で福岡と長崎をつないだ「テレビ会議」を始めた。以前に見たことのあるものとは大違い、画面のぎこちなさはほとんどなかった。相当の優れものの印象であった。福田氏の説明によると「最大四地点まで同時接続が可能であり、しかも価格は従来のものの三分の一」ということであった。

福田氏の出身は長崎県の島原、「人に喜んでもらいたい」「感動を与えたい」「本当はサンタクロース

写真８—３　ドリームバンクのテレビ会議システム

になりたかった」と語り始めた。また、ドリームバンクのホームページには「長崎県は特に五島列島等の離島があり、ＩＴをより促進しなければならない地域でもあります。そこで、ＩＴが何処よりも早く促進されれば、若者も県外に出て学校等に行く必要がなくなるのです。……過疎化の進む中でのこのＩＴの促進は我々長崎県民にとっての最後のチャンスであるのです」と綴られている。

このドリームバンクの創業は二〇〇一年、携帯電話事業を皮切りに、ＰＣ学習塾、ビデオチャット、テレビ会議システムの開発販売と展開してきた。やはり地方の県の良さであろうが、早い時期から長崎県等の注目を浴び、多くの機会を得てきた。特に離島の多い長崎ではドリームバンクの事業領域は注目されるものであった。二〇〇二年四月には長崎市ベンチャー企業支援センターに入居している。さらに、東京産業支援センターには二〇〇二年一一月に入居している。

また、二〇〇二年一一月には、JETRO（日本貿易振興機構）主催の韓国大田市と長崎市の産業交流会（大田市で開催）に参加し、その後の事業のキッカケになる韓国企業二社との技術提携の道筋をつけることに成功している。それが現在のドリームバンクの主力製品である「ビデオ編集ソフト」と「テレビ会議システム」であった。ドリームバンクには特別に開発力があるわけではなく、韓国企業の技術をうまく取り入れ、製品開発を重ね、商品化していくというものである。現在の従業員数は、長崎の本社が八人、福岡の事務所が三人、そして東京産業支援センターに三人の陣容であった。

先のユニオンソフトもそうであったのだが、長崎のような地域では、新たなタイプの企業はすぐに自治体等の目につき、多方面にわたる支援を受けることができる。特に、長崎は離島が多いことから地元のIT関連企業への関心は高く、それだけ期待は大きい。長崎をベースに新たな時代に対応できる枠組みの形成がそれだけ期待され、東京を舞台に世界にまで視野を拡げた新たなタイプの企業が成功し、そして地元に「希望」を与えていくことが求められているのである。

3　地方のニュービジネスの東京営業拠点の形成

大きな産業構造の転換が予測される現在、全国の各地で新たな事業が模索されている。特に、長い間にわたって建設業などの公共事業に関連してきた企業の周辺では、今後の公共事業削減を視野に入れ、興味深い取り組みを見せ始めている場合が少なくない。建設業などの公共事業関連の場合は、元々、地域の事情に精通しているのであり、極めて需要に近いところで興味深いビジネスに向かっていく可能性が高い。日本のニュービジネスは全国のこうしたところから生まれてくることが期待される。

また、ここでは三つの企業を取り上げるが、いずれも次男の方であり、途中で家業から独立するものの、元々の家業とそれほど遠くないところに新たな可能性を見出していることも興味深い。そして、事業化の目処をつけて以来、最大市場の東京に関心を寄せ、長崎県の東京産業支援センターに入居しているのであった。構造転換期にある日本では、新規創業の必要性が叫ばれているが、時代遅れになった地方の家業から次男の方が独立創業していくことは一つの大きな流れなのかもしれない。そして、地元で芽を出し始めた事業が、地元の支援により全国、世界に向かおうとしていることが興味深い。この長崎県の取り組みは、これからの日本の新規創業のモデルとしても注目されよう。


長崎の五島から、東京に営業拠点（マザキ・エンヴェック）

マザキ・エンヴェックの社長である眞崎健次氏（一九六一年生まれ）は長崎県五島列島の福江市出身、神戸商船大学卒業後、神戸製鋼に入社。エンジニアリング事業部でエジプトにも三年間赴任していた。ODAがらみの仕事のようであったが、途上国の環境問題に深い関心を抱くようになる。だが、その後、五島の父が健康を害し、男四人兄弟の三番目であった健次氏は帰郷し、九三年、家業に入る。家業は眞崎商店といい、地元の名門の土木資材卸業であった。社長には長男である兄が就いている。

帰郷したものの、いまさら土木資材の時代ではないと腹をくくり、即、九三年には環境改善事業部を設立、「土」と「水」を焦点とする事業に踏み込むことにする。早い時期から「水質浄化」「屋上緑化」「微生物材による下水汚泥処理」を三本柱に置いてきた。元々、研究開発能力がないことから、地方の優位性を利用して積極的に産学官連携に踏み込んでいく。長崎大学、佐賀大学、福岡大学等と接触しながら、事業化の芽を探していった。

また、これも地方の良さだと思うのだが、長崎県の勧めにより二〇〇〇年一月には中小企業創造法の認定を受け、県による債務保証も得られた。長崎県の第一号案件であった。そして、これを契機に二〇〇〇年二月には分社化し、㈱マサキ・エンヴェックを設立している。また、同じ月には新エネルギー財団より水質改善装置の「水すまし」により九州地区初の「新エネ大賞」を受賞している。この「水すまし」は世界的にも注目され、二〇〇一年四月には国連本部で世界工学機関連盟（WFEO）の招きにより報告も行っている。マザキ・エンヴェックは設立早々、興味深いスタートを切った。この「水すまし」は国内のダムや河川にすでに二六基設置されており、今後、国連の推奨品になったことから、海外での販売が期待されている。

ただし、事業的にはまだ「水すまし」は売上の二〇％を占めるにすぎず、現在の事業の柱は「屋上緑化」の部分である。この事業への参入のキッカケは、九七年、JETROのローカル・トゥ・ローカル事業（内外の地域間交流事業であり、地域活性化を図ることを目的にしている）の一貫として中国四川省に訪問したことにある。そこで、地上三〜四千mの高地に拡がる泥炭腐植土に出会った。この土は砂漠の緑化等に採用されており、土厚が薄くとも植物生育に優れるという特性をもっている。マサキ・エンヴェックはこの土に微生物を混ぜ、屋上緑化に新しい可能性を見出した。大都市のヒートアイランド化を避けるものとして、近年、屋上緑化が注目されているが、マザキ・エンヴェックの製品「ルーフソイル」は各種の公共施設に採用され始めているのである。

こうした事情を受けて、屋上緑化の最大の市場は東京と見定め、センターの開設時の二〇〇二年四月から入居している。当時のマザキ・エンヴェックの従業員五～六人であったのだが、その後、増加し、二〇〇四年末には一五人になっている。この間、センターの東京営業所は次第に拡大し、二〇〇五年一月からは四人体制に強化されている。全国に代理店を置いてあるが、東京での営業のターゲットは建築設計事務所、自治体、ゼネコン等であり、近年の屋上緑化への関心の高まりにより、感触はかなり良いものになっている。また、最近ではホームページを通じた問い合わせも多くなっており、首都圏のどこにでもアクセスの良い四谷のセンターは効果的に働いているようであった。

ベッド・クリーニングの全国展開の拠点形成（エコ・ネット）

近年、多方面にわたってアウトソーシングが進んでいるが、ハウス・クリーニングの世界はその一つの典型であろう。そのハウスクリーニングの世界からベッド・クリーニング専業に転じ、さらに全国に加盟店を増やすなど興味深い展開に踏み出している長崎県の中小企業（エコ・ネット）がいる。

社長の松尾秀二氏（一九五二年生まれ）は長崎県生まれ。家業は地元最大企業の三菱重工長崎造船所の下請企業であった。主として艦艇の居住区のクリーニングに従事してきた。かなりの3K職種であるため若い人が集まらず、高齢化が進んでいた。そのため、高齢の従業員を陸に上げることを考えハウスクリーニングの世界に参入した。ハウスクリーニングの仕事を続けていくうちに、ユーザーからベッドのクリーニングがなんとかならないかとの相談を受け、関心を深めていった。

調べて見ると、ベッドのクリーニングという商売はなく、ベッドが汚れた場合、その処理はたいへんな作業であることを知る。技術的には「現場出張作業」であること、「乾燥をスムーズに行う」ことが課題であった。その技術開発に腐心し、「ベッドの現場クリーニング法」（特許申請中）を開発する。高温スチームで処理（殺菌）する、合成洗剤を使わない（植物性を使用）などで、ベッド一台を五五分で、すぐに使えるような技術を開発した。意外なことだが、これまで病院やホテルのベッドは廃棄されるまで一度もクリーニングされたこともないのであった。極めて不衛生な使い方をされていたと言わざるをえない。ベッド・クリーニングが次第に社会的認知を得ていくにしたがい、大手の病院からの依頼が急速に増えている。

このエコ・ネットの創業は九九年だが、実質的なスタートは二〇〇一年春からであった。当初は直営店でいこうと考えたが、資金的な余裕がなく、加盟店方式をとっていく。リクルートの雑誌『アントレ』に募集広告を掲載したところ反応が良く、長崎で研修するスタイルでスタートした。加盟費は六三万円であり、年会費は法人二万円、個人一万円を徴収している。その他、道具と洗剤等を販売している。当初はロイヤリティを取ることも考えたのだが、加盟者が支払ってくれないことから、廃止した。現在は事業としての社会的認知の時期と割り切っている。現在の加盟者は全国で三五店舗にのぼる。

スタート当初から、これは都会の事業と判断した。個人のリピートは少なく、病院、介護関係施設、ホテルを視野に入れている。その頃、長崎県のホームページでスタートしたばかりの東京産業支援センターのことを知り、さっそく応募、二〇〇二年一一月から入居している。加盟店募集の情報発信をホームページで行い、センターの会議室で説明会を開催している。「地の利は最高」との判断であった。

また、これまで研修を長崎で行っていたが、東京近辺での可能性を模索し、結局、JR高崎駅からクルマで五分ほどの所を借りている。四谷からであれば、新宿から埼京線で大宮、そこから新幹線で高崎とすれば、一時間強でつなげることができる。エコ・ネットの従業員は長崎が一人、高崎が四人の計五人。社長の松尾氏は週に一回は東京に出張で来ているようであった。

これまでは需要喚起の時期であり、今後は東京で直営店を行うことを構想していた。すでに長崎の家業の方は親戚に任せ、松尾氏はこの事業の将来にかけていた。エコ・ネットのホームページを見た埼玉の大手の大学病院（ベッド数一二〇〇床）から声がかかり、用意された三台のベッドを見事に処理すると、看護婦、医師は感動していたという。この病院ではベッドは一〇～一五年もクリーニングされておらず、ダニが発生した場合などの買い換えしかしていなかった。以後、この病院からは月に五〇台の受注を得るものになっている。他の病院、介護施設、ホテルも同様の状況にある。「衛生」は近代生活の基本だが、意外な所にまだ手のついていない世界が拡がっていたのである。

センターには常駐は置いていないが、松尾氏はここを起点に首都圏への本格進出をイメージしているのであった。

地元で実績を重ね、東京を市場と見定めて進出（山晃）

建材、内装工事、建設業などは極めて地域性が強く、全国の至るところに中小企業が点在している。ここで検討する山晃《サンコー》の社長・山崎勉氏（一九四八年生まれ）の家業は長崎県ので製材業であった。当初は家業の手伝いをやらされ、加工や取り付けに従事していた。ただし、山崎氏は次男であったことから独立を考えていく。八一年、三三歳の時に長崎市に隣接する西彼杵郡長与町で独立する。当初からアルミの加工に注目し、規格品以外の自動ドア、手すりなどを引き受け、加工、取り付けを行っていた。全国のどこにでもあるアルミ建材業ということであった。

だが、長年、アルミ加工に従事しているうちに、「同じ色しかない」「どうしてカラーがないのか」を不思議に感じ、外国を調査して回った。外国では木製のサッシが多く、ユーザーは勝手にペンキで色を塗っていた。アルミサッシは日本が先進国であることを知る。わずかにドイツでカラーメッキのアルミ建材を確認できたにすぎなかった。この技術を日本で研究したが、環境問題への対応が難しく、一年ほどで断念した。その後、家具の内装などで「転写」の技術を見つけ、外装に使えないかと模索を重ねる。この転写の場合、フィルムがポイントになるのだが、大日本印刷、凸版印刷、日本写真、さらに欧米の企業にも打診したのだが、全て断られ、「ラミネートフィルム」を使うことを勧められる。ただし、ラミネートフィルムの欠点は剥げることであった。

その頃、長崎大学の材料工学の古川睦久教授と知り合い、兵庫県姫路の顔料メーカーと大阪のフィルムメーカーを紹介される。このあたりが地方の良さであろう。産学連携が比較的スムーズに進むのである。その後、この三社で共同開発に踏み込み、販売権は山晃がすでに取得している。二〇〇三年秋には事業化の目処がつき始め、長崎県庁、長崎市役所の支援を受け、長崎の小学校の外装、手すり、窓枠など、さらに、長崎県庁の受付の窓枠などにも採用されていく。地元で開発された新製品はまず地元の公共的なところで実績を重ねることがなによりだが、長崎はそうした取り組みを積極的に推進しているようである。

二〇〇四年三月から本格的に販売開始となり、あわせて東京への営業拠点としてこの長崎県東京産業支援センターへ入居した。従業員は一四人、長崎の工場に一三人、東京営業所の常駐は一人。東京営業所は場所的には最高だが、やや狭く、大きめのサンプルが置けないことが悩みと指摘されていた。社長の山崎氏は、月の半分は最大市場の東京に駐在、長崎は三分の一程度、残りは大阪、名古屋、富山、九州地区を回っている。

現在は発売開始約一年ほどだが、製品の応用範囲が拡がっている。当初はアルミの窓枠、扉、手すり等からスタートしたのだが、現在では、フラット面であればアルミに限らず、鉄、ステンレスでもＯＫであり、コンクリートの場合は樹脂を塗布すれば可能なところまで来ている。さらに、用途的にはエレベータ、ユニットバスの内装、システムキッチンの面材などにも可能性が拡がってきている。

このように、長崎の建材加工業として出発した山晃は、積極的な研究開発の推進により興味深い領域を切り開いたが、さらに長崎県の支援の下で東京営業所を確保し、東京市場を視野に入れ、新たな可能性に向かっているのである。

4　地方の中小企業への新たな支援のスタイル

ここまで見たように、地方の産業振興、新規創業を期待していく場合、大きく幾つかの流れがあることが読み取れた。一つは新産業であるところのＩＴ関連であり、地域需要をベースに新たに事業が生まれてくる可能性が高い。地元需要から始まり、パッケージソフトに向かったユニオンソフト、離島という条件の中で遠隔地通信に向ったエコ・ネットなどはその典型と言える。

また、公共事業依存の色合いの強かった地方圏では、そこからの脱却が課題とされている。そこから二つ目の流れであるニュービジネスが生まれつつある。特に、建設業関連の新産業への転換は焦眉の課題とされているが、比較的身軽な次男の方が地域需要をにらみながらニュービジネスに踏み込む可能性が高い。本章の第三節で紹介した企業群はまさにそのモデルケースと言えるであろう。このあたりから、次の時代へ向けての新たな産業が生まれてくるのであろう。

そして、もう一つ、本章では取り扱わなかったが、地方の食品関連企業の新たな取り組みも期待される。食品は近年、アジア、特に低価格の中国産に席巻されてきたが、他方で幾つかの不祥事により「安全、安心」の重要性が再認識され、国内の地方の食品関連企業に新たな可能性をもたらしつつある。日本の地方で良心的に育てられてきた食品が、全国の消費者に、あるいは世界に注目される時代となりつつある。こうした状況を受け止めた地方食品産業振興が模索されるべきであろう。事実、この長崎県東京産業支援センターの中には七社の食品関連企業が入居している。地元市場から東京市場、全国市場を視野に入れてのことであろう。

以上のように、「IT」「公共事業関連からの転身」「食品」の三つが新たな時代の地方産業の柱になっていく可能性が高い。そして、それらが地元で実績を重ねながら、次のターゲットとして最大市場の東京に向かっていくことが具体的であろう。本章で取り扱った長崎県の東京産業支援センターの意義は、以上のような文脈の中で評価していく必要がありそうである。

振り返るまでもなく、日本の都道府県は東京の一等地にこのような宿泊施設を持っていたが、いずれもすでに使命が終わっている場合が少なくない。それらの施設を地元産業振興の支援的な施設として再構築し、新たな役割を与えていくことが必要であろう。事実、この長崎県の取り組みは関係者の間では評判になり、いくつかの県は視察にくるなど検討に入っている。すでに、石川県は麹町の宿泊施設の一フロアを改装し、約一五㎡の貸オフィスを一二室ほど提供している。石川県の場合はホテル仕様であり、バス、トイレつき。家賃は月約八万円とやや高いが、専任の職員が来客の取り次ぎなどの秘書サービスを行っている。地方の県が東京に地元企業のための支援的な施設を提供するなどは、まだ始まったばかりだが、多様な試行錯誤を重ねながら、新たな可能性に向かうことを期待したい。

インターネットが普及し、地球も狭くなってきたが、ビジネスではフェース・トゥ・フェースの関係はより重要性を増している。地方の中小企業にとって、このような支援の仕方は、非常に効果的なもののように思えた。

第九章　インキュベータの運営ノウハウ

——花巻市起業化支援センターの取り組み

花巻市の工業化は、第二次大戦中に東京蒲田から疎開してきた谷村新興製作所の歴史から始まる。谷村新興製作所の詳しい内容は数々の調査、著書があるので省略するが、谷村新興製作所からのスピンオフによる企業設立が数十件あることにみられるように、花巻地域には起業化マインドが早い時期から定着していた。それは、その後の花巻市起業化支援センター設立に大きな影響を与えていく。

花巻市も一九六〇年代中頃から工業集積、雇用、税金確保を意図して、工業団地の造成、企業誘致を推進してきた。それは、当時の全国的な一つの共通する流れでもあった。しかしながら、七〇年代初頭のニクソンショック、オイルショック、さらに、その後の平成のバブル経済の崩壊、東アジアへの企業進出などにより、従来型の企業誘致は一つの時代を終えたのであった。

このような中でも、花巻市の隣の北上市では、市独自の政策により全国的にも注目されるほどの企業誘致を実現していった。この北上市の成功に刺激された花巻市の関係者は、北上とは異なった工業振興を図ることを強く決意し、九三年頃から、それまでの企業誘致一辺倒から、内発型の企業育成も視野に入れた二本柱の政策に転換していくことになる。この、政策転換には、岩手県職員、地元花巻市内関係機関の思いが強く働きかけているが、そのキーマンの一人は一橋大学教授関満博先生である。

内発型企業育成については、突発的に出てきたものではなく、先に示した谷村新興製作所以来の企業文化が花巻市内に残っていたことが大きな要因とも言われている。

1　花巻市起業化支援センターの沿革

表9―1に花巻市起業化支援センター（以下、支援センター）の沿革を示す。現在の支援センターは九五年度に整備されたのだが、九四年に、花巻市内にある民間空工場を花巻市が借り上げ、間仕切りなど行い三部屋を用意してスタートしたことから始まる。まもなく、三部屋には、谷村新興製作所に勤務していた二人と谷村新興製作所との取引もあった企業が一社入居することになる。三社とも既に事業は行っていたことから、純粋な意味での起業というわけではなかったが、その後の花巻の起業化支援の先駆けとなったという意味では、重要な経験となっていった。

筆者も当時の入居状況を知っているが、三部屋はそれぞれ一〇坪足らずにすぎず、トイレ、洗面所、コピー機も共有であった。建物が新しいわけではなく、冷暖房は完備されていたものの、環境は十分とはいえず、入居企業が独自の工夫を加えてしのいでいた。そのうちの一社は、西側の部屋に入居していたことから、夏には西日が入り大変な暑さになり、暗幕のような幕を窓に設置してしのいでいた。仕事の環境が十分でなくても、企業の皆さんは元気に働いており、どこかに谷村新興製作所以来の起業化マインドを感じることもあった（写真9―1）。

このように、人口七万三〇〇〇人足らずの花巻市が、独自のインキュベーション施設を立ち上げたことは、その当時では珍しく、各地の自治体、関係者が見学にくるようになり、そのつど花巻市役所の担

表9—1　花巻市起業化支援センター沿革

年度	内容
1994年度	支援センター創設　花巻市石神町（1995年度末閉館）
1995年度	支援センターハウス整備　花巻市二枚橋　研究室5部屋
1996年度	支援センター貸工場棟　30坪2棟、50坪3棟
1997年度	支援センター貸工場棟　30坪1棟、50坪1棟、100坪3棟
1998年度	支援センターハウス研究開発棟整備　研究室3部屋
	支援センター貸工場棟　50坪3棟
1999年度	支援センター公園整備
2001年度	賃貸工場　150坪　4棟
	花巻市ビジネスインキュベーター整備　花巻市駅前　6部屋
2003年度	賃貸工場　100坪　5棟

写真9—1　1994年に整備された花巻市起業化支援センター外観

写真９―２　現在の花巻市起業化支援センター

当者は施設案内などを行っていた。このような実績を基に現在の支援センター構想が九五年に持ち上がり、九六年三月に支援センターハウスの完成を見る。その後は毎年のように貸工場棟の増設、支援センターハウスの増設が行われ、二〇〇二年四月にはJR花巻駅前に都市型インキュベータである花巻市ビジネス・インキュベーター（以下、ＢＩ）や、誘致企業受け入れの賃貸工場の整備が行われている。

支援センター、ＢＩ、賃貸工場の管理は、花巻市産業部商工課が担当し、運営については任意団体である花巻市技術振興協会（以下、協会）に事業委託している。筆者は九六年四月に協会職員として採用され、支援センターへの派遣として勤務している。協会職員については、花巻市産業部商工課職員も兼務発令されており、他の地域に比べ特異な組織関係を築いている。九六年四月頃の協会職員は筆者を含め民間出身は二人であったのだが、二〇〇四年四月には支援センター、ＢＩ、花巻市技術振興協会職員は全て民間出身で一一人になっており、花巻市産業部商工課職員五人を含めると一六人体制ということになる。

2 新事業創出支援とインキュベーション・マネージャー（ＩＭ）

支援センターと同様の施設は全国にも多数設立されており、これらのデータは日本新事業支援機関協議会（以下、ＪＡＮＢＯ）がまとめているので、こちらの資料を参考にしていただきたい。

また、施設には入居企業を支援するインキュベーション・マネージャー（ＩＭ）が配属されている機関、いない機関があるが、ＩＭの育成についてもＪＡＮＢＯが中心となって行っている。

支援センターでは、ＪＡＮＢＯが主催しているＩＭ研修においてＯＪＴ研修、ＩＭインストラクターによる指導なども行っているが、ここ数年、インキュベーション施設を設置するために、全国の行政関係者の来訪が相次いでいる。この中でいつも論議されるのがハード面の建物関係ではなく、ソフト面を支援するＩＭの確保についてである。ＪＡＮＢＯの研修においても、行政出身のＩＭより、企業出身のＩＭの比率が高くなっており、ＪＡＮＢＯの提言でも「ＩＭにはビジネス経験のある民間出身者が適任である」とされている。

このように、行政ではいかに民間出身ＩＭ確保を行うかが、インキュベーション施設を運営するための最重要課題になっている。

ＩＭの役割

ＩＭの役割は幅広く、一つの定義では表現しにくいところがある。中山友裕氏らは表9―2にあるように、四つの機能を持つことが重要と説いている。筆者自身、すでにこの機能の中で無意識に取り組んでいた時期もあったが、現在では四つの機能をいかに遂行するかを強く意識して支援をさせていただいている。

特に、この四つの機能の中でＩＭの重要な機能として「翻訳機能」があげられる。

この翻訳機能は、例えば、大学と企業を最初に紹介する場合などで重要である。つまり、大学の先生は、専門の研究を行っていることから、専門性の高い難しい言葉で話すケースが少なくない。逆に、企業側は現在問題になっている現象をいかに解決するかが重要なので、「ここを直してほしい」と簡単な言葉で先生に現状を紹介してしまう。ここで、お互い同じ問題解決に向かっているものの、話す言葉が専門性の高い言葉と日常使用している言葉のため、どうしても誤解を招くことが少なくなかった。特に、産学官連携が重要視されている昨今では、この点が連携まで進んでいかない理由にもなっている。そのため、ＩＭは、大学と企業との誤解を取り除くことが期待されている。

翻訳機能を簡単に言えば、ＩＭは大学の先生方の難しい言葉を簡単に直して企業に伝える、また、企業からの簡単な疑問に対して、どのような研究要素があるか組み立てしながら先生に伝えるかである。

筆者は、大学と企業が最初に会う場合には、どちらからも最初に発言させないような雰囲気をつくり、例えば「先生、こちらの企業では現在生産コストを下げたいので、先生の研究されている新しい材料の採用ができないか相談に参りました」と先生の研究内容を盛り込んだ内容で切り出している。

表9—2　コーディネータによる連携促進の機能

(1)	**マッチング機能**	適切な研究者やビジネスパートナーを紹介
(2)	**信頼補完機能**	連携に参加する主体間の信頼を補完
(3)	**翻訳機能**	連携においてニーズやシーズの理解を促す
(4)	**事業化機能**	新製品を事業として立ち上げる

資料：中山友裕「北上・花巻地域における連携コーディネータの機能分析」(『経済再編期における地域産業集積と地域社会の関係についての調査研究』2001年2月)

これは一つの例であり、ＩＭの機能は四つだけではない。ＩＭのあるべき支援の姿などは、所属する機関の規模、地域性、企業の集積内容、経営者の個性と、どこでも共通することはなく、ＩＭの置かれた立場での対応しかないのではないかと思う。

いわて起業家大学

国内の開業率と廃業率が逆転しはじめた八九年頃から、新規開業の必要性が論じられるようになり、支援機関の設立による起業化、企業の新事業・人材育成が盛んに取り組まれるようになってきている。また、その後、国内企業は東アジアへの進出により、産業の空洞化が進み、この結果、産学官連携による新事業創出の時代を迎え、大学においても「大学発ベンチャー」の考え方も生まれてきた。

筆者も、当初は起業化と企業における新事業育成については同じ土俵で支援をしていた時期もあったのだが、この起業化と新事業育成は、全く異なる支援手法で行われなくてはならないと感じている。

つまり、起業化支援の場合は、個人から事業主になるわけで、設立した時点では、法人の設立・役割・資金の運営など、事業者として最低限必要な知識、仕組みを作り上げなくてはいけない。しかし、新事業創出については、既に企業体が出来上がっているので、前記内容の支援対応はしなくて済むが、今までの企業風土をいかに早く変えながら新事業を立ち上げるかが重要になる。

このため、支援機関においても起業化支援と、企業における新事業育成支援をある程度分けて考える必要がある。

岩手県では、九五年から「いわて起業家大学」を開催している。主催は、当初、財団法人岩手県高度技術振興協会が運営しており、その後、財団法人いわて産業振興センターが引き継いでいる。いわて起業家大学では既に約八四〇人近い受講生があり、そのうち約四五〇人の修了生を出している。その中で九〇人程が創業しており、約二五〇人の雇用を生み出している。いわて起業家大学の特徴は、従来の講義内容であった、個人・法人の違い、企業会計の考え方、事業計画の作成、企業設立から事業計画、運営までを習得する内容とは違い、最初に経営者がいかに孤独で、事業運営には周りからの支援をいかにいただかなくてはならないか等のメンタル面を集中的に行うのが特徴である。つまり、従来の内容であれば、専門用語が最初からテキストに反映され、受講生にとっては聞いたこともない言葉で説明され、早々とリタイアするケースも見受けられるが、いわて起業家大学では、まずメンタル面から入っていくため、受講生の過半数以上が修了しているのではないか。

もちろん、いわて起業家大学の後半には事業プランの作成を行い、最終的に五、六人が事業プランの発表を行っている。この、事業プラン発表会に選ばれた受講生に対しては、選ばれなかった受講生や過去に受講したメンバーが事業プランの作成に協力してくれる場面がある。つまり、経営者は孤独ではあるが、事業遂行に周りの支援がいかに重要かを実際に体験しているのである。

いわて起業家大学の講師である㈱アントレプレナーセンター代表の福島正伸氏は、「いかなる状況においても、夢を持っている経営者は大丈夫であり、自分が他人にどれだけ支援できるかが、自分を支援してくれるパワーとして返ってくる」と話してくれている。起業家の支援はまずメンタル面の支援が重要であることは間違いないと筆者も感じている。

デジアナ的商品の開発

筆者は企業勤務時代には、マイクロコンピューターの回路設計、ソフトウエア設計と電子・電気回路関係、コンピューターを活用したシステム開発を主に担当していた。このときの製品開発は、他社製品より、より良い機能を追及した開発を行っていた。たとえば、コンピューター開発であれば、「CPUの動作速度を速く」「メモリ空間を出来るだけ多く」などと数値を基にした開発が中心であった。

支援センターに勤務し、地域企業への支援を行うようになると、その対象製品は、食品、衣料、木工などになり、商品表現が「おいしい」「きれい」「感触が良い」などの曖昧な表現で商品紹介を受けるようになった。しかし、食品の食味評価を行うと、一〇人のうち一〇人が「おいしい」とは評価する機会は少なく、必ず一人が「私の口には合わない」と評価する。この一言が商品の評価を下げてしまうケースも見受けられる。筆者は商品の評価が数字などで評価する「デジタル的商品」と、曖昧な評価しかできない「アナログ的商品」と二種類の性格を持つ商品構成があるのではと推測した。そこで、デジタル的商品にはアナログ的商品の要素、また、アナログ的商品にはデジタル的商品要素を盛り込むことにより、他社との差別化が出来るのではと判断した。

デジアナ的商品開発事例として、九七年三月からの岩手大学農学部西澤直行先生と地元食品加工企業（主に豆腐製造）である㈱黒川食品との共同研究による、高付加価値を取り込んだ豆腐開発がある。

九七年頃まで、筆者と共通の趣味で知り合っていた黒川賢太朗氏（当時、専務）とお酒を酌み交わしながら、「豆腐業界も価格のたたきあいになり、利益追求が難しい」との話しを何回ともなくうかがっていた。たまたま、筆者が、九七年三月に岩手大学地域共同研究センターのセミナーに参加し、西澤直行先生より「豆腐に含まれているイソフラボンを、通常の三〇％アップさせる製造工程の研究を行っている」との内容を聞き、翌日、黒川氏に話したところ、すぐに先生との連絡を取りたいとのことから、九七年四月、花巻地域で西澤直行先生による研究内容の報告会を開催し、その場で西澤直行先生と黒川氏の接触が行われた。九七年度は未だ共同研究までは進展しなかったが、年度後半には岩手大学と㈱黒川食品との間で共同研究の開始を確認し、九八年度より本格的な共同研究が開始された。支援センターでは、共同研究が開始されるとの情報から、側面的な支援として、各支援機関からの情報収集を行い、九八年度は岩手県より「岩手県平成一〇年度産学官共同研究促進事業」、岩手県中小企業団体中央会より「平成一〇年度組合集中指導事業」の採択と、九九年度は岩手県より「平成一一年度県中小企業創造技術開発事業補助金」の採択の支援を行った。

筆者は、イソフラボンが三〇％アップにより、デジタル的表現が可能と判断し、次に、これらの共同研究成果品の発表会を開催したり、パッケージには「岩手大学農学部との共同研究」と明記して、他社の豆腐との差別化を図った。

3 岩手県、花巻地域における支援の状況

筆者が支援センターに勤務して以来、花巻地域は他地域（都道府県、市町村）と雰囲気が違うと痛感することが少なくない。

岩手県における支援機関のイメージを図9―1に示すが、他地域にない組織として岩手県・花巻地域に存在する「いわてネットワーク・システム（ＩＮＳ）」と「花巻工業クラブ」がある。

ＩＮＳと花巻工業クラブ

ＩＮＳと花巻工業クラブについて簡単に説明すると、ＩＮＳは岩手大学工学部の先生が中心となり結成された産学官連携組織である。八〇年代末、岩手大学が、地域共同研究センター設立の構想を持ち始め岩手県庁に相談に行った際、たまたま相談を受けた県庁職員も岩手県の産業政策をどうするか悩んでいた時期であり、お互いに協力していくことが重要と判断、早々に意見交流ということで居酒屋での交流が始まった。このような交流に次第に賛同者が参加するようになり、岩手県からＩＮＳへの事業委託を検討し始めた九二年に規約を作成、正式に組織として設立した。現在では全国から一〇〇〇人以上の会員が登録（会費支払いは半分程度のようであるが）されており、四〇近い研究会と関東、関西地域の組織もあり、徐々にその成果が出始めている。二〇〇三年度には経済産業大臣賞の受賞も受けている。

ＩＮＳの組織で評価されるのは、事務局が岩手大学内にあり、担当の先生方にボランティア精神で地

域に出ていただいている事である。筆者は各地で産学官交流会など参加させていただいているが、ほとんどの交流会では、学側はお酒を注いでもらっているが、ＩＮＳでは事務局の先生をはじめ、先生方が笑顔で会場内をお酌に回る状況が見受けられる。この雰囲気が他地域ではまず見られない。また、官側も岩手県知事自らの参加もあり、県庁、市町村、各支援機関のメンバーも多数参加している。ＩＮＳは別名「いつも、飲んで、騒ぐ会」とも言われているが、ただ飲んでいるだけではなく、共同研究件数、国レベルの研究開発補助金獲得も積極的に行っている。

数年前にはＩＮＳ事務局より「各研究会より国レベルの研究開発補助金に申請できるテーマを一件出すこと」とメールでお知らせがあったことがある。筆者が参加している研究会では研究開発には程遠い活動のため申請はしなかったが、全体で二〇件近い提案があり、関係機関で調整し国に申請したところ、数件の採択が行われた事があった。もちろん、申請テーマが採択基準に達していた結果ではあるが、各研究会からの提案が直ぐに行われる事実は、産学官の連携、交流がうまくいっている結果ではないか。企業との共同研究においても、常に情報交換が行える環境があるため、毎年共同研究件数は伸びているのである。

また、花巻工業クラブは九〇年に設立された。誘致企業と地元企業の交流が不可欠と地元企業からの働きかけによるものであった。

当初は、地元企業、誘致企業がどのような業種で、どこに存在しているか等のＰＲを主に行い、隔年でテクノフェアの開催を行っていた。テクノフェアでは小中高生にもモノづくりの大切さを教えるためのイベントや宇宙博等を開催し、積極的に地域貢献を行おうとしていた。筆者は九二年頃から花巻工業

図９—１　岩手県における支援機関のイメージ

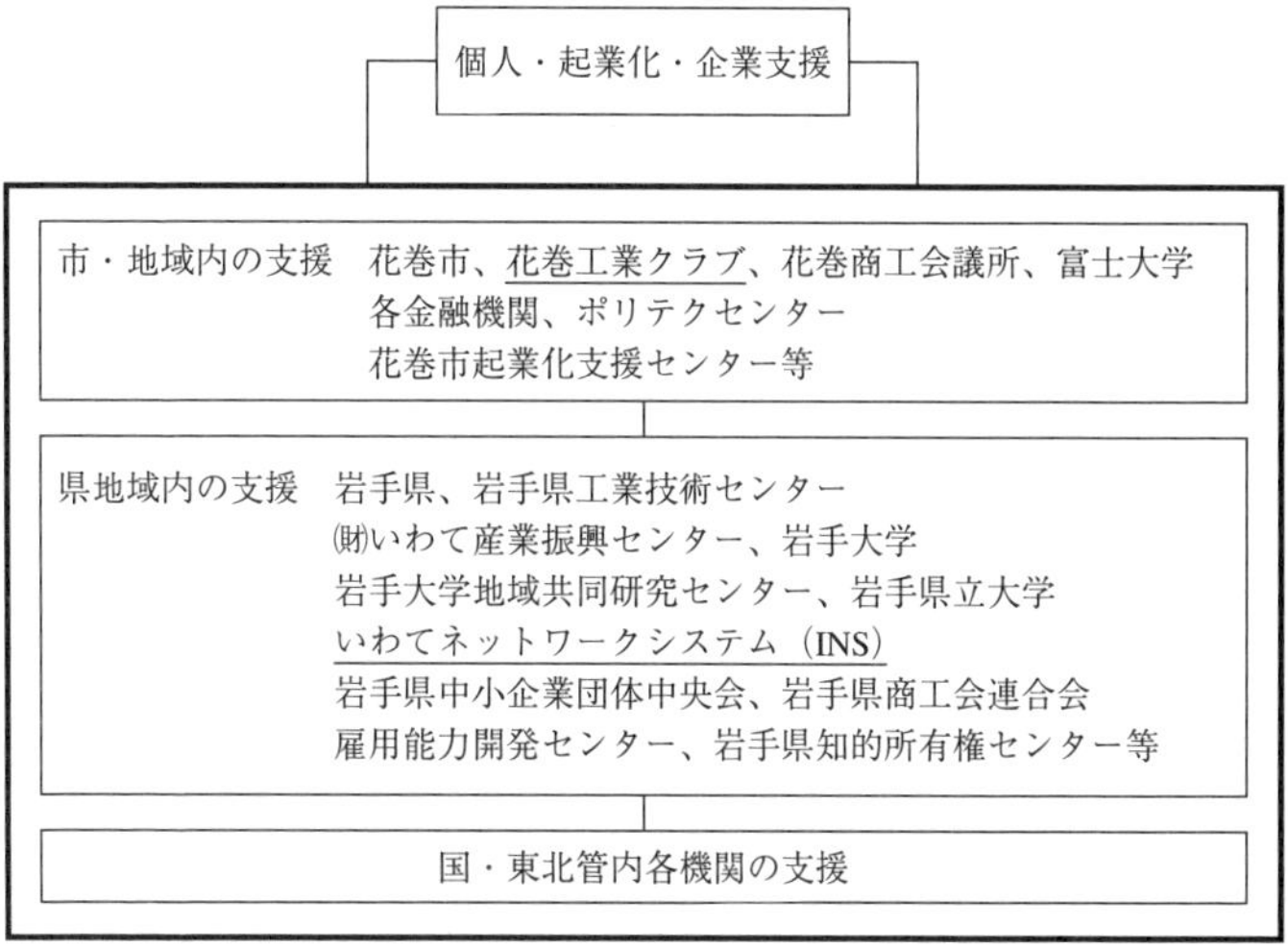

クラブの事業に参加させていただく機会を得、企業の若手を主体にテクノフェアの企画委員会に参画させていただいた。この参加が現在の支援センター活動に大きく影響している。もちろん、テクノフェアの他に、総会、芋の子会、忘年会、新春講演会等ども開催し、企業の皆様と懇親を深める機会を得た。

　このように花巻工業クラブ企業とは、非常に良い関係を持つことができ、この関係により支援センターで開業した企業や、新規事業参入企業が開発した製品を花巻工業クラブ企業に最初に営業させていただき、いろいろな意見をいただく機会を作ることができた。筆者が支援センターという行政側の機関に所属しながらも、営業同行などの支援ができる土壌が花巻工業クラブによって形成されたといっても過言ではない。

　現在の花巻工業クラブの活動は、単なる親睦団体にとどまらず、ＩＳＯ取得支援、工業団地内でのゼロエミッション活動など、地域の企業に有効な支援活動を行っている。また、花巻工業クラブでは、毎年花巻市に対して、産業政策の提言を行っており、支援センター活動にも有効な提言を行っている。

地域企業支援と地域連携支援

産学官連携でよく企業から要望されるものとして、「この地域には先端技術が無いから、産学連携などは難しい」とされることが少なくない。このような要望に対して、行政などの対応は「先端技術を研究する機関の設立」か「申し訳ないがここでは対応できない」などとの回答する場合があるのではないか。しかし、企業の立場からしてみれば、今直ぐの対応が必要なのである。新たな機関の設立ではこれから何年待てばいいのか、また、その間にも先端技術を持っている地域とは、さらに技術格差が生じる懸念も大きい。もちろん、現在では機関を収容する建物の建設は、市民の理解を得るには難しい時代であり、行政がいかに早く、いい情報を企業に伝えられるかは、地域企業にとっても重要な問題である。

このような、状況において行政ではいくつかの取り組みを行う場合がある。一つには「研究会形式」または「先進地視察」である。しかしながら、このような取り組みで企業からの要望をすべて対応できるわけではなく、ほとんどの事例は成果を生み出せず消滅しているのが現状である。

筆者も、支援センター勤務当初は、各種研究会の立ち上げや、先進地視察の事業を行ってみたが、成果はなかなか出てこなかった。例えば、研究会形式は行政側から仕掛けるためか、行政側の思い通りにはいかない。原因を考えると、自社事業の影響でメンバーを継続して参加させることが出来ない場合や、最終商品の内容がなかなか決まらない場合、また、仮に研究会で外部からいろいろな事業を受けた場合に、参加企業での費用の割り振りで分裂するなどか起こりうる。

このような状況から、花巻市では二〇〇四年度より「産業支援アドバイザー派遣事業」を展開している。研究会形式ではなく企業個別に産業支援アドバイザーを派遣し、出来るだけ早く問題解決しようとする支援である。この事業の産業支援アドバイザーには、地元企業OB、地元大学など約五〇人の登録をいただいている。企業および支援センターでは企業内で問題発生した場合や、各種認証取得希望（特にISO9000、14000）、新事業展開の希望が出た時点で、一日もしくは半日の産業支援アドバイザー派遣を行う。この派遣に対する謝礼は一日一万円、半日五〇〇〇円である。企業の負担は産業支援アドバイザーの旅費のみとしている。これらの成果としては、ISO取得が毎年一〇社近い取得がある。アドバイザーの中には企業内でISO取得、品質管理の業務担当経験者がおり、ISO認証取得におけるアドバイスを定期的に行っている。また。花巻工業クラブとの連携により、ISO内部監査員の研修事業を行っている。

他に、新事業創出事業として岩手大学の先生を定期的に企業に訪問していただくことも実施している。最終的には共同研究開発までを期待してはいるが、まずは企業と先生が気軽に話せる雰囲気を提供することにある。もちろん、産業支援アドバイザー派遣後にはお酒を囲んでの話しになる。このような雰囲気を作れるのには、INSの影響が大きく、企業と先生方の垣根が一挙に無くなる。

さらに、企業の連携、研究会形成に対しては、花巻市の事業として企業が研究会を立ち上げる場合、運営費の一部負担を行っている。個別企業には産業支援アドバイザー派遣事業、企業の連携に対しては補助金支援と状況に応じて対応している。

このように、花巻地域企業への支援内容は、岩手県内各機関の協力をいただきながら対応させていただいているが、しかし、企業からの要求に対して全て対応出来るは不可能であり、花巻地域、岩手県内に無い技術の相談を受けた場合は、全国各地域からの情報を収集し、どの地域でどのような技術が進んでいるかをつかんでおき、できるだけ、その地域との連携を行っている。二〇〇四年度時点では、神奈川県平塚市、茨城県ひたちなか市との連携を行っている。

他地域の情報収集は積極的に行っており、支援センター来訪者、企業との同行により訪問した地域などで情報収集を行う。この時に必要なのは、誰が情報を収集、発信するかである。技術的な内容なのか、行政システムの内容かにより対応できる人材は限られる。今後はこのような情報発信収集できるＩＭが地域には必要ではないか。

4　支援の三原則

筆者が支援させていただく時に心がけている三カ条がある。まず第一は「常に明るく、元気に、笑顔で、そして早い対応」である。

この内容は自分自身の知識、技術とは関係なく、基本的な考え方である。何故このような内容になったかというと、筆者が企業勤務時、営業担当に配属された初期に、ある商社の方から「佐藤さん表情が硬いよ。少し笑顔を作る練習したら」との一言であった。営業経験するまでは技術開発の担当であったためか、社外の方とのコミュニケーションがほとんどなかった。企業内のメンバーと気軽に話す程度であり、初めて社外の方を前に緊張していたか、もしくは自分の中で不安要素を持っていたのであろう。また、逆に行政などを訪問した場合には、担当者が上目使いで対応したり、眉間にしわを寄せて厳しい表情で対応してきたりすると、何か悪い事を注意されるかのようであり、出来れば二度と訪問したくない気持となった。

このような経験から営業活動においては、第一印象が重要で、それが悪いといくら良い情報でも相手は聞いてくれないのではと判断し、先ずは笑顔を作る練習を行い、毎朝洗顔の時どのような笑顔がいいか練習した。このような練習の成果は徐々に現れ、飛び込み営業もこなせるまでになった。

また、元気な声で対応するのも重要である。特に、語尾が聞き取れないような声、口調ではお客様に不安感を与える場合もあるので、しっかり話す訓練も重要と思う。

筆者はこのような営業経験から、支援センターで支援させていただく立場になった時には、先ず、元気で笑顔で対応することを心がけた。支援センターに来訪していただく方は、その時点で何かしらの心配事があるから来訪していただいているので、こちら側が不安で元気が無い状況で対応していくと、お互いに元気の無い状況で相談が終了する場合があり、せっかくの相談が何ら解決策を見出せずに終わってしまう。

次は「まず出来ることから取り組む。相手（企業、大学、行政）が動かなければ自分から動く」と「否定語は使用しない。一度断るとそこで支援活動は終わり」である。この二つは共通点があるので、一緒に解説させていただく。筆者が勤務している支援センターでは、その場で経営問題の全てに対応できる状況ではない。外部の関係機関の協力をいただかなくてはならない問題もある。よく相談を受けている方が「私も組織もそのような問題は対応できません」とお話している場合を見受けるが、そのような発言をすると、相談者は「ここまでしか対応してくれないのか」と後の相談内容を話さないで帰っていくケースもあるようである。筆者は出来るだけ相談者のお話を伺い、その中で今出来る事から対応させていただいている。もし、大学の先生に相談すべき問題であれば、岩手大学の窓口なり直接先生に電話をかけ、可能な限り一番早い時点で相談者と会っていただく機会を作る。このような対応を行う事により相談者との間に信頼感が生まれ、その後の対応がスムーズに行われるのではないか。

5　ＩＭ確保、育成

支援センターには、これから同様な施設計画を検討している関係者の訪問をいただく。その時、ＩＭの重要性は感じながらもどのような人材を確保するか、かなり悩んでいるお話をうかがうことが少なくない。筆者の経験から思う事は、出来ればＩＭは最低五年経験させるべきではないか。筆者は支援センターに勤務する前は、花巻工業クラブへの参画、営業経験から産学官の人的ネットワークを持たせていただいたが、初めての場合は、企業名、代表者名、業務内容などを短期間で習得することは難しい。行政機関では定期的な移動により、せっかくの人的ネットワークを生かす前に移動が行われてしまう。二年程度で企業情報を築き上げてから、どのような支援メニュー、連携、研究が必要か企業との間で行われ、さらに二年後にやっと商品の販売につなげることが出来るのではないか。現在、企業支援の活発な地域には、最低五年経験したＩＭの存在がある。行政の取り組みも変革の時代に入った感じを受ける。

最後にＩＭの評価が行われる時期が既に始まっている。評価要素はそれぞれ考えられるが、例えば、訪問件数、電話相談件数、支援企業の売り上げ状況など幅広い内容をまとめている状況である。

筆者も最低限のデータ（入居企業の履歴、来訪者・訪問先など）はまとめているが、ＩＭがデータをまとめることが本当の業務かどうかと感じる場合がある。支援評価をデータでまとめることも重要ではあるが、支援させていただいた企業から「支援センターからの情報で助かった」「この前、同行いただいて販路が確保された」などの企業からの評価を一番にしている。ＩＭは常に外部との情報交換を密に行い、企業への最新情報の提供、支援をさせていただくのが重要と思う。

「いつもいないのに、今日は支援センターにいるのか」と皆さんから言われるようなＩＭを目指したい。

第一〇章　地域ベンチャーファイナンスの課題

円高やアジア諸国の経済の急成長などの要因により、製造業をはじめとする日本の産業界は大きな変革期に直面している。従来、研究開発を全般にわたって自社研究所で行っていた大企業も、基礎から応用、開発に至る研究をすべて自前で賄うことは困難になってきた。また、厳しさを増す国際競争に対処すべく、国内製造業は国内では高付加価値製品への生産へ特化する一方で、相対的に労働集約的な低付加価値製品や量産型製品は海外での生産に依存する構造へと移行した。製造業の海外生産比率が増加した結果、大企業の下請をしていた中小企業では、工場撤退や受注減などの影響を被っている。中小企業の中には大企業に依存することなく、独自の技術を高度化することで活路を見出す企業が現われているが、中小企業全体としては厳しい状況が続いている。また、こうした経済の低迷や工場の海外移転は、地域経済に大きな打撃を与えることとなった。

一方、米国においては、利益の出ないビジネスモデルに多額の資金が流入するなど、一部にバブル的な要素はあったにせよ、ITを中心した技術革新がビジネス、流通などの多くの面でイノベーションを引き起こし、一九九〇年代以降の米国経済を牽引した。その大きな原動力となったのが、シリコンバレーなどから生まれた多くのベンチャー企業群であった。特に、インターネット関連のヤフーやネットスケープ・コミュニケーションズなどに代表される大学の技術シーズを活用した起業や企業からのスピンオフによって、大きなイノベーションが引き起こされている。さらに、米国各地にシリコンバレーを筆頭として、多くのハイテク企業の集積地が形成されてきたが、大学などの研究機関が地域の中核として、多くのベンチャー企業を生み出すことによって、地域経済の推進役としての機能を果たしている地域が多い。

こうした状況を踏まえ、大企業への依存は限界であり、新たな技術やアイデアを活かしてベンチャー企業を育成することで、このような状況を打開する動きが九〇年代に起こった。日本においては過去三回のベンチャーブームがあったが、三回目のベンチャーブームでは官民あげての創業支援体制が取られた。ベンチャー企業のための中小企業創造活動促進法（中小創造法）が制定され、各県のベンチャー財団がベンチャーキャピタルを通じて出資等を行う制度が設立された。今までベンチャーキャピタルが存在しなかった地方圏においても、ベンチャー投資の動きを広めることになった。九八年の中小企業等投資事業有限責任組合法（投資有限責任組合法）の成立以降は、投資事業組合方式によるベンチャーファンドの設立が各地で進められている。こうした動きは地域におけるベンチャー企業育成にとって、大きな支援材料である。一方でベンチャー財団の制度は、投資案件の処理など多くの問題を抱えている。さらに近時、あいついで設立されたベンチャーファンドの一部には、投資先が見つからないなど迷走しているものもある。本章においては、ベンチャー財団を通じて行われた投資活動及び地域ベンチャーファンドなど、地域におけるベンチャーファイナンスの課題について検討を行うものである。

1 ベンチャー支援体制

日本においてベンチャー企業への支援体制が最初に明確に打ち出されたのは、八九年の特定新規事業実施円滑化臨時措置法（新規事業法）であった。中小企業とは違うベンチャー企業の位置づけを明確にし、産業基盤整備基金（現、中小企業基盤整備機構）による債務保証、新規事業投資㈱による出資、ストックオプション制度の導入などが図られた。

さらに第三次ベンチャーブームの流れを受け、ベンチャー支援のための法律が順次、整備されていった。九五年に制定された中小創造法では、中小企業投資育成会社の投資制度や信用保証協会の債務保証制度の拡充がなされた。従来、地方自治体は、工場誘致をベースにした地域振興を行い、雇用の創出と地方財源の確保を図っていた。しかし企業の国内生産体制が見直され、生産拠点を中国等に移転させる動きが本格化する中で、生産コストの優位性は薄れ、地域に付加価値を生み出す高度な技術やノウハウを蓄積することが難しくなった。この局面を打開するために中小創造法が施行され、ベンチャー企業や既存の中小企業が行う新規事業に対し、金融やマーケティングの支援を行い、産官学が一体となって地域における独創的な企業の創造を目指したのである。

このなかで大きな目玉は、ベンチャー財団による投資業務が創設されたことであった（創造的中小企業創出支援事業）。これを契機に、ほぼ全国的に地銀系のベンチャーキャピタルが設立され、ベンチャー投資が促進された。九八年には中小企業等投資事業有限責任組合が認められた。従来、投資事業組合は民法上の組合を活用していたが、中小企業等投資事業有限責任組合（ファンド）は未上場の中小企業に投資先が限定されており、ベンチャー企業向けの投資に主眼を置いたものである。中小企業総合事業団（現、中小企業基盤整備機構）によって同組合へ出資を行う制度（新事業開拓促進出資事業）が開始されたことも、自治体が中心となって同組合を設立する動きを促進している。

九八年に制定された新事業創出促進法は、ベンチャー企業の中でも特に、株式公開を目指している企業をターゲットにしたものであった。同法は大きく三つの内容から構成されている。一つは創業等の促進で、創業や開業によって新しくビジネスを始める者に対して、助成金の支給や一〇〇〇万円を上限とした無担保、無保証の債務保証を行う。二つ目は国や特殊法人の研究開発予算に目標値を定めて、中小企業の技術開発に振り向けていくことである。三つ目は所謂、「地域プラットフォーム」と呼ばれるもので、都道府県において基本計画を策定し、地域産業資源を活用するための支援体制である(1)。

従来の新産業創出の取組みは、国、地方自治体等が個別の支援策を実施してきたため、十分な政策効果が達成できないでいた。この点を改善するため、各機関が連携や統合を図ることによってネットワークを強化し、ワンストップサービスを実現することにより、シード段階から事業化、育成の各段階において適切な支援を行うことを目指している。同法の制定に伴い、かつて地域振興を目的として制定されたテクノポリス法、頭脳立地法は廃止された。さらに九九年一二月の改正で①支援対象業種の拡充（旧通産省所管業種→全業種）、②無議決権株式の発行や事後設立に伴う検査役調査などの要件緩和、③一定の要件を満たすベンチャーキャピタルの投資先企業について、同法の認定手続きが簡素化された。さらに二〇〇五年四月には、新たな事業活動を総合的に促進するため、新事業創出促進法を含む中小企業支援関連の法律を整理・統合し、中小企業新事業活動促進法が施行された。

産業クラスター計画・知的クラスター創成事業

前記のベンチャー支援制度の次に出てきたのが産業クラスター計画である。クラスター計画では、IT、バイオ、ナノテクといった次世代を担う有望産業の国際競争力を高め、そうした有望分野を中心に地域におけるベンチャー企業の創出を目指している。各地域の経済産業局が中心となって取り組んでいる「産業クラスター計画」は、二〇〇一年に「今後の経済財政運営及び経済社会の構造改革（平沼プラン）」や政府産業構造改革・雇用対策本部などにおいて提唱され、地域の経済・産業・雇用対策の目玉となっている。この計画においては、公共事業や企業誘致に依存しない内発的でかつ世界的にも競争力のあるクラスターを日本の各地に形成することを目指している。具体的には各地域の経済産業局が中心となって人的なネットワークを形成・強化することや、技術開発の推進、起業家の育成を支援しており、現在、全国で一九カ所の産業クラスターが立ち上がっている。

文部科学省が進めている「知的クラスター創成事業」においては、特定技術領域の研究テーマについて、大学や公的研究機関を核としてベンチャー企業などの集積を図ることによって、国際競争力のある技術革新システムの形成を目指している。具体的には大学の地域共同研究センターなどを活用した共同研究の実施、科学技術コーディネーターやアドバイザーの活用、研究成果の特許化推進、大学発ベンチャー育成を図るためのインキュベータの整備などを実施している。事業期間は五年間で、一地域に対し毎年五億円の予算が割り当てられる。二〇〇二年度には一二地域が選定された。さらに二〇〇三年度にも六カ所の地域が追加されている。産業クラスター計画と知的クラスター創成事業は相互に連携をとって、産学官によるイノベーションシステムを構築することになっている。(2)

リレーションシップバンキング

こうした動きに加え、二〇〇二年一〇月の金融再生プログラムにおいて、中小・地域金融機関の不良債権処理については、「リレーションシップバンキング」を活用することが盛り込まれた。リレーションシップバンキングとは、長期的に継続する取引関係の中から金融機関が借り手企業における経営者の資質や事業の将来性等についての情報を得て、融資等を実行するビジネスと定義されている。このリレーションシップバンキングの中で、中小企業金融の再生に向けた取り組みに関して創業・新事業支援機能の強化がうたわれた。経済産業省の産業クラスター計画など産学官のネットワーク活用や、地域におけるベンチャー企業の支援・育成のため、日本政策投資銀行などの政府系金融機関との連携強化が要請されている。

地方自治体等によるベンチャー支援策

各自治体では国の施策とともに独自のベンチャー支援を進めている地域も多い。地域におけるベンチャー企業育成のためには、地域が一体となって取り組み、インキュベータ、NPO、大学、エンジェル、行政などが相互に連携しながら役割分担を行い連続的、効率的にベンチャー育成を進める必要がある。

図10―1　ベンチャー支援体制

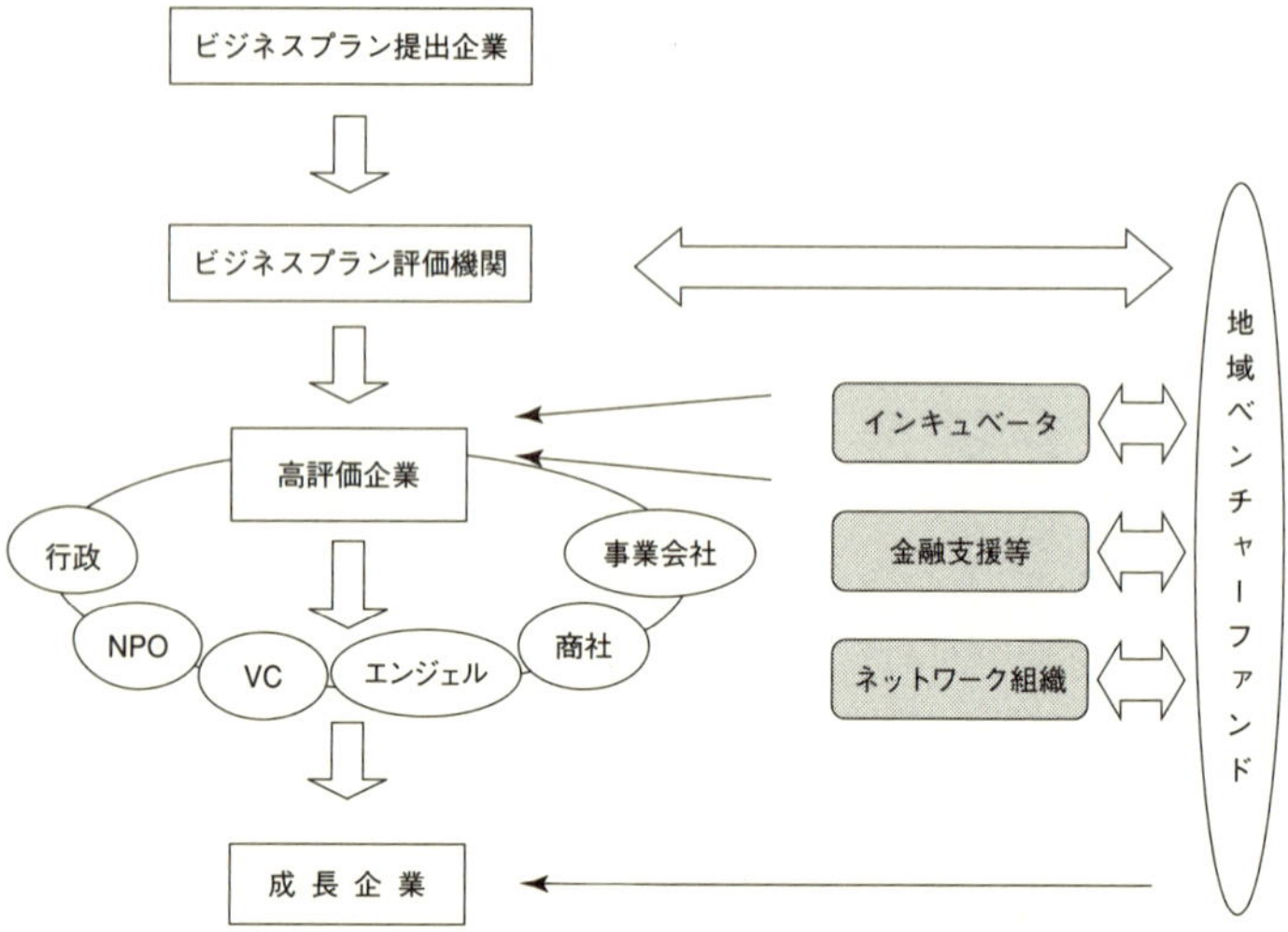

資料：『地域金融の新展開　地域ベンチャーファンド研究会報告書』2004年より作成。

①ビジネスプラン評価機関　スタートアップ時における優れたビジネスプランを見分け、評価、指導することによって事業の立ち上げ、育成を支援することが必要である。高知県ベンチャー育成支援事業においては、目利き委員がビジネスプランの評価を行い、A～Dで評価を行う。A評価を受けたものに対しては起業プロデューサーがハンズオン型（きめ細かい指導・育成）の支援を実施する。融資などのインセンティブはないが、プレゼンテーションの場にベンチャーキャピタルなどが出席するため、ネットワークを形成できるメリットがある。

②インキュベータ　公的機関による設置のほか、NPOや民間によるインキュベータの整備が進んでいる。入居企業のニーズの変化、多様化に備え、ハード、ソフトの両面で強化を図る必要がある。大学との連携の強化、インキュベーションマネージャー（IM）の配置、ネッ

トワークの強化、情報提供、販路開拓などのソフト面での支援強化が今後の課題である。支援策の一つとして、第一章でみたKSPのようにベンチャー支援のためのファンドなど金融的なスキームを持っているところもある。

③金融支援等　ベンチャー企業の成長段階に応じた金融支援制度の充実が求められる。岐阜県では投資事業有限責任組合による出資、創業七年以内の企業には、ベンチャー財団を活用した制度、創業間もない企業には、中小企業振興公社からの直接投資のあわせて三本の制度を持っている。これらをあわせて「岐阜県民キャピタル制度」と呼び、各ステージのベンチャー企業を支援する体制となっている。

④ネットワーク組織　経営資源の少ないベンチャー企業にとっては、販路拡大などのために様々なネットワークを活用することが重要である。ネットワークにはITを活用した情報網や企業に交流の場を提供するものがある。フクオカベンチャーマーケット事業においては、ベンチャー企業がベンチャーキャピタルや商社などのビジネスパートナーとマッチングするイベントを定期的に実施している[(3)]。

2　創造的中小企業創出支援事業

制度の仕組み

地域におけるベンチャー育成に最初に大きな影響を与えた創造的中小企業創出支援事業について見ていくこととする。この制度においては、中小企業基盤整備機構の資金が自治体を経由してベンチャー財団に融資される。その資金が、①民間のベンチャーキャピタルに預託され、そこからベンチャー企業へ

図10―2　創造的中小企業創出支援事業

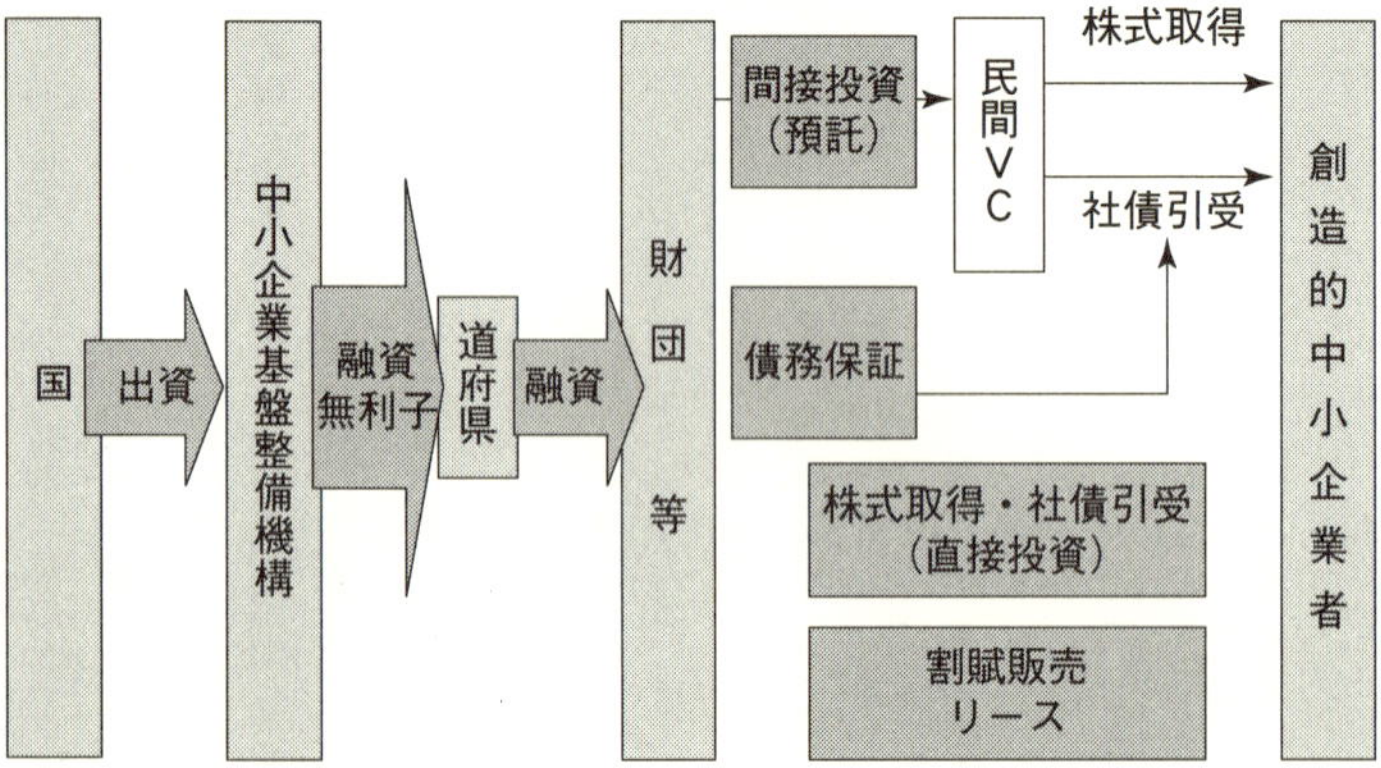

資料：中小企業総合事業団ホームページより作成。

の株式取得や社債引受に回るもの（間接投資）と、②ベンチャー財団がベンチャー企業の株式取得や社債引受を直接行うケース（直接投資）に分かれる。①の間接投資のやり方は、ＦＯＲＥＣＳ（大阪府研究開発型企業振興財団）が九〇年に始めたベンチャー企業支援制度を参考につくられたものである。[4] それまであった中小企業振興公社などを衣替えすることで、各自治体に一つずつベンチャー財団が設立され、支援のための中核的スキームが整えられた。

　支援の対象となるベンチャー企業は、中小創造法の認定を受けたもの、あるいは、その認定に類するとベンチャー財団が認めたものであり、都道府県知事が認定を行う。八九年に制定された新規事業法は、大臣の認可が必要であるなど要件が厳しかったため案件数が伸びなかった。これを踏まえ中小創造法においては、中堅クラスを幅広く認定している。認定件数は二〇〇五年二月末現在で一万〇八八九件である。九九年がピークで、それ以降は減少に転じている。地域別では関東が五二・五％、近畿が一七・〇％で二つの地域で全体の約七割を占めている。それ以外の地域では北海道が一・一%、東北が五・一%、中部六、八%、中国六、二%、四国が三・三%、九州が八・〇%(沖縄県含む)となっている。

制度の意義と投資実績

本制度は以下の点で意義があったものと思われる。

① ベンチャーキャピタルによる出資は、株式公開を視野に入れたレーターステージが中心であった。中小創造法による支援はレーターステージに限らず、アーリーステージの中でも有望なものがあれば幅広く案件を選択した。

② ベンチャーキャピタルは投資案件の候補が多い大都市圏に偏在している。第二次ベンチャーブームでも地銀系のベンチャーキャピタルが設立されなかった地域において、初めてベンチャー投資の機会を提供した。

過去の投資実績を見ると九七年度の約七〇億円をピークに、二〇〇三年度までの合計で約二八八億円の投資がなされている。ここ数年はピーク時を大きく下まわる金額で推移している。これは、制度開始後二～三年目で多くの案件を採択し、この制度を利用しやすい投資先が一巡したことが大きな要因である。投資の種類には株式取得と社債引受がある。社債引受は転換社債を利用する方法とワラント債を利用する二種類の方法からなる。ワラント債が五八九件、二一九億円、転換社債が一八一件、六三億円、株式取得が六〇件、六億円となっている。

図10―3　投資実績の推移

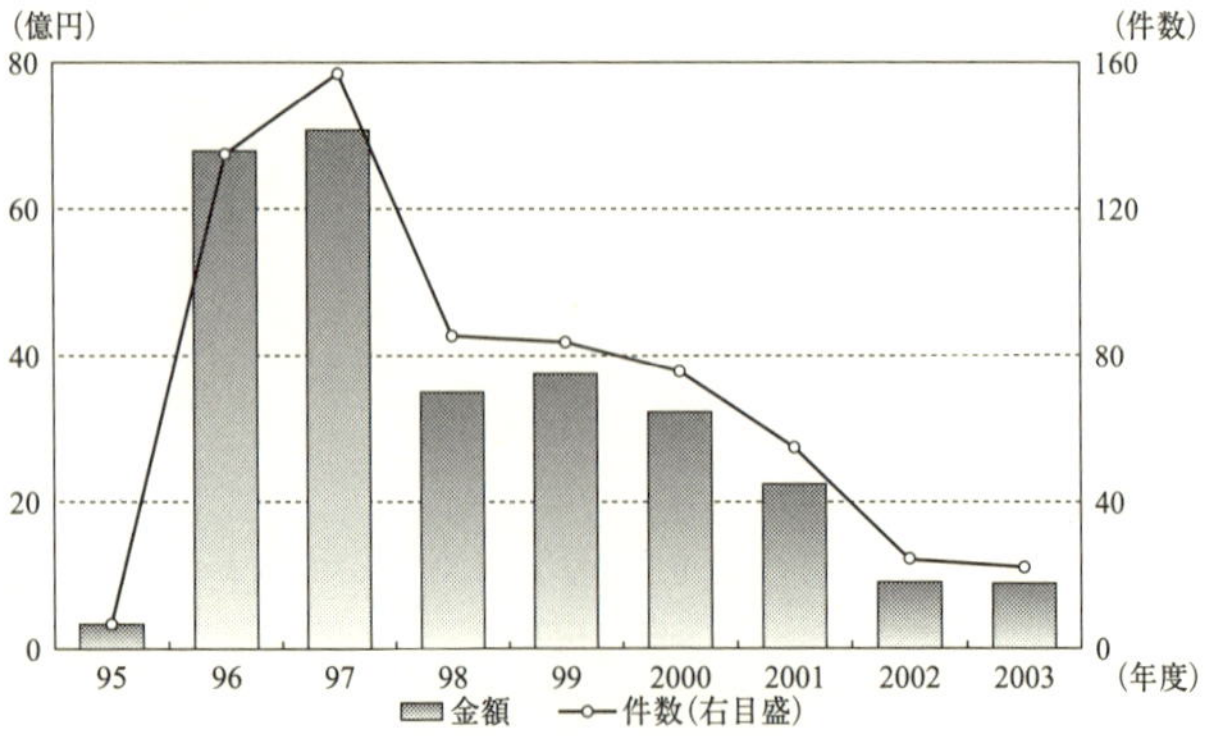

資料：『創造的中小企業創出支援事業実績報告書』2004年より作成。

制度の課題

本件制度の実施は前述の通り、ベンチャー投資がほとんど行われていなかった地方圏においてもベンチャー投資の機会を提供したことなど一定の成果を上げている。一方で、以下のような課題があげられている。(5)

①ノウハウの蓄積　ベンチャー財団の職員は地方自治体や地銀からの出向者などで構成されており、三年程度のローテーションで交代していくため、ノウハウが蓄積されにくい。案件の採択も基本的には地銀のベンチャーキャピタル等が行っているケースが大半である。これ自体は事業の性格上やむをえないことではあるが、作業プロセスなど円滑な業務を行うためには改善の余地が大きい。

②投資事業組合方式への引継ぎ　本件制度は二〇〇四年度が最終期限となっており、各自治体ともその実績、効果を検証すべき段階に入っている。自治体によっては投資事業組合方式によって、本件制度を引き継ごうという動きも出ている。この動きが単なる衣更えで終わることなく、その地域において、ベンチャー投資をどう位置づけていくかといった総合的

な戦略を探ることが必要となる。

③投資実績が上がっていないこと　本件制度の実績として、現在のところ株式公開を達成した企業は必ずしも多くなく、期待通りの成果をあげているとは言いがたい。

④デフォルト案件への対応　投資先でデフォルトした案件も発生しており、今後もこうした案件が拡大することが予想される。社債の引受けをした場合、社債償還まで最長一〇年程度の期間があり、それらがデフォルトになる場合も想定して、積立金などを確保しておく必要がある。本制度を利用する企業の多くは必ずしも体力があるわけではないことから、返済原資の確保や借り換えが困難なケースも考えられる。こうした案件への対処方針を早急に策定する必要がある。

3　地域ベンチャーファンド

近時、投資地域を限定して複数の企業への投資を行っていく「地域ベンチャーファンド」が自治体や地銀を中心に各地で設立されている。地域ベンチャーファンドが設立されるのは、①ベンチャー財団のスキームはベンチャー企業の発掘・評価の点で不十分である、②民間のベンチャーキャピタルはレーターステージに投資が集中している。シードやアーリーステージの案件に対する育成機能が十分ではない、③近時、各地域で進められている産業クラスター計画などにおいて求められている大学における研究成果の実用化には、ファンドによる育成機能が不可欠である、等の背景がある。

地域ベンチャーファンドの仕組み

ベンチャー企業への投資資金はベンチャーキャピタル自身の資金とファンド形式のものに分けられる。ファンド形式のものとしては、投資事業組合方式が一般的である。投資事業組合が日本で最初に組成されたのは八二年であった。この投資事業組合は民法上の組合として設立されたもので、組合自体には課税されないという税法上のメリットを活かしたものである。しかしながら、民法上の組合は以下の点で問題があった。①組合員の責任範囲が不明確である。民法上の組合の場合、債権者が組合員の債務負担割合を知らなかった場合、組合員全員に対して均一の請求をできることになっている。②民法上の組合員には組合の財産を検査する権利があるが、適正な会計帳簿などを担保する規定がないため検査権の実効性が薄い(6)。

こうした問題に応えるため、九八年に投資有限責任組合法が施行された。この法律に基づく投資事業組合は民法上の組合と区別するために、「投資事業有限責任組合」と呼ばれる。同組合は無限責任組合員(GP)と有限責任組合員(LP)から構成され、無限責任組合員は業務執行に関するすべての責任を負うのに対し、有限責任組合員は出資額の範囲で責任を負うこととなる。本法における投資先企業は、未上場の中小企業等で、①資本金五億円以下、②従業員千人以下、③負債二〇〇億円以下、④研究開発費比率三%以上などのいずれか一つに該当する企業とされ、ベンチャー企業を念頭に置いたものとなっている。

投資事業有限責任組合(ファンド)の運営には、①設立報酬、②管理費用(監査人の報酬費用、保護預り口座の保管料、投資証券の取得・処分費用、会計帳簿・財務諸表作成費用、GPの人件費)、③成

図10—4　ファンドの仕組み

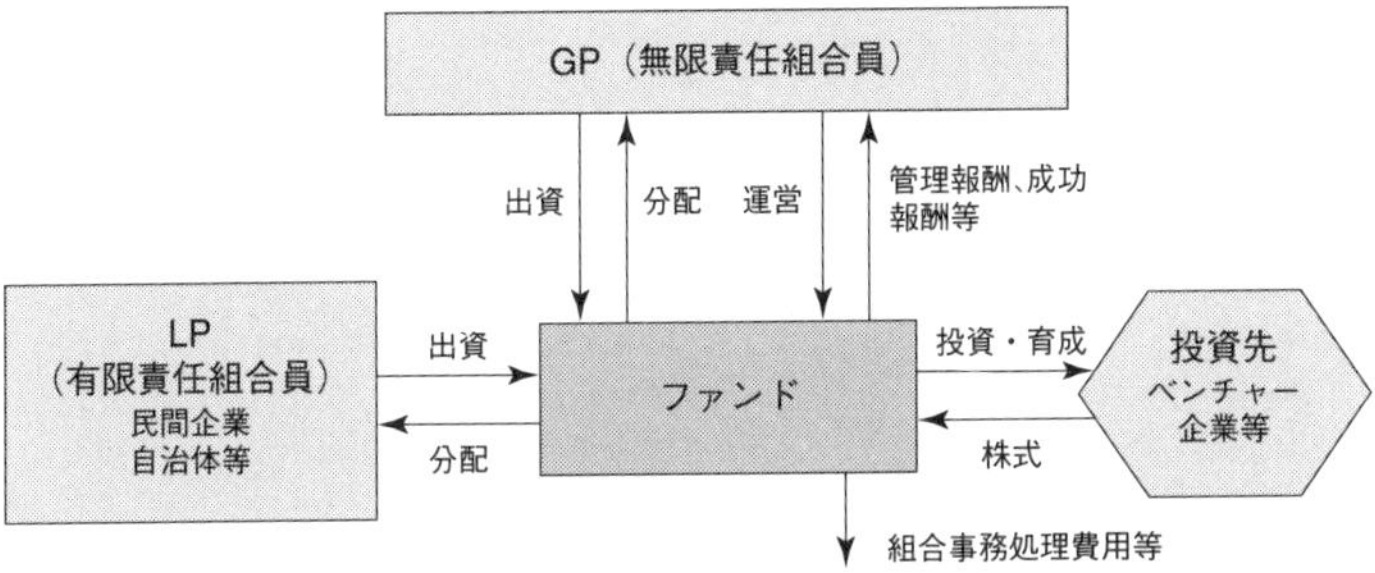

資料：『地域ベンチャーファンド設立の現状と課題』2003年より作成。

功報酬（キャピタルゲインの二〇％程度）が発生する。一〇億円、期間一〇年のファンドを想定した場合、大雑把な資金計画としては、資金調達としてLP出資が九五〇百万円、GPが五〇百万円、一方の資金需要としては管理費用に三〇〇百万円、よって投資にまわせる金額は七〇〇百万円と言う計算になる。

以上のようにファンドの運営には、ファンドの規模に係らず発生する人件費、管理費などの固定費が存在するため、一定以上の規模が必要である。また、ファンドの成否は、GPの力量によるところが大きい。そのためGPが力を発揮できるインセンティブとペナルティーを組み合わせ、モラルハザードを防ぐことが重要である。

投資有限責任組合法の施行により、同法に基づく投資事業有限責任組合が全国的に設立された。中小企業基盤整備機構によるファンドへの出資制度が整備されたことでこの動きが加速された。同制度を利用することによって設立された組合の出資金総額は八一七・七億円になっている（二〇〇五年四月現在）。同制度に対しては、アーリーステージへの投資が投資総額の七〇％以上であること、精算時における適正価格での引取り、ハンズオンの契約、管理報酬の組合純資産に対する年率の制限などが制約になっていると言う意見

表10－1　新規投資先の地域別割合

（件数：件、金額：百万円）

区分	件数	構成比（%）	金額	構成比（%）
日本国内計	1,220	90.4	76,826	79.9
北海道	25	1.9	945	1.0
東北地方	24	1.8	914	1.0
関東地方（東京を除く）	163	12.1	7,183	7.5
東京都	572	42.4	44,327	46.1
中部地方	78	5.8	6,729	7.0
近畿地方（大阪を除く）	108	8.0	6,538	6.8
大阪府	88	6.5	5,624	5.8
中国地方	37	2.7	701	0.7
四国地方	16	1.2	317	0.3
九州・沖縄地方	59	4.4	1,798	1.9
海外計	130	9.6	19,371	20.1
アジア・太平洋地域合計	64	4.7	12,616	13.1
欧州地域合計	20	1.5	2,318	2.4
北米地域合計	44	3.3	4,345	4.5
その他の地域合計	2	0.1	90	0.1
合計	1,350	100.0	96,198	100.0

資料：㈶ベンチャーエンタープライズセンター『ベンチャーキャピタル投資状況調査報告』2003年度より作成。

もある。

地域ベンチャーファンド設立の現状

①投資事業組合の概要　二〇〇三年九月末現在のベンチャーキャピタル及びファンド（投資事業組合）の投資残高は九七一九億円となり、前年比二六六億円の微減となった(7)。投資先ステージは、従来はバランス型が圧倒的に多かったが、近年は、シードやアーリーステージに重点を置くものも増えてきている。シードやアーリーステージは成功すればリターンが大きい反面、リクスも大きい。十分な目利きやハンズオンが必要になるが、こうした対応が可能なファンドが徐々に増えてきている結果である。また大学発ベンチャーなどに注目したファンドが出てきてい

ることも一因であろう。地域別の投資額では東京都が圧倒的に多く、全体の五割近くを占めている。東京都以外の地域はそれぞれ一桁に留まっている。

②実質上自治体が出資している投資事業組合　投資有限責任組合法の施行以降、同法に基づく投資事業有限責任組合が全国的に設立されている。表10―2は実質上、自治体が出資している主要な投資事業有限責任組合の一覧である。投資エリアを自治体内に限定しているファンドがほとんどである。東京都、石川県、岩手県は自治体以外への投資も認めている。ただし、地域限定は将来の事業所立地でも可能であるなど、実質的な基準はかなり緩いものが多い。投資期間は一〇年間がほとんどである。ステージはアーリーステージからレーターステージまで幅広く投資を行うものが大半で、アーリーステージを中心に行う方針を持っているファンドもあるが、実際の投資先はレーターステージも含まれており実質的に大きな差はない。管理費などの固定費の問題や地域で投資できる案件数の関係で一〇億円規模のファンドが多い。自治体の出資比率は一〇%程度から高いもので五〇%となっている。GPの出資比率は二～五%のものが多い。

③地銀によるベンチャーファンドの設立　一部の地銀は元来、地域密着を謳いながらバブル期においては、都銀などの後追いや不動産融資へ傾斜していった。バブル崩壊以降、地域密着路線に戻り、具体的方策の一つとして、地元のベンチャー企業の育成に注力している。地銀によるベンチャーファンド設立は、そうした動きの一環として捉えることができる。また日興キャピタルや大和証券系のエヌ・アイ・エフベンチャーズといった大手ベンチャーキャピタルも地銀と連携して、地域ベンチャーファンドの設立を進める動きも見られる。

表10－2　実質上自治体が出資する主な投資事業組合

自治体	ファンド名	設立時期	GP
東京都	東京中小企業投資事業有限責任組合	2000月1日	東京中小企業育成㈱
	ジャイク・バイオ壱号投資事業有限責任組合	2001年5月	日本アジア投資㈱
石川県	石川県ベンチャー育成投資事業有限責任組合	2001年2月	フューチャーベンチャーキャピタル㈱
長崎県	十八キャピタル投資事業有限責任組合長崎1号	2001年8月	十八キャピタル㈱
	しんわベンチャーキャピタル企業育成ファンド長崎1号投資事業有限責任組合	2001年8月	しんわベンチャーキャピタル㈱
鳥取県	とっとり産業育成投資事業有限責任組合一号	2002年2月	とっとりキャピタル㈱
	トニー2002投資事業有限責任組合	2002年2月	ごうぎんキャピタル㈱
岩手県	いわてベンチャー育成投資事業有限責任組合	2002年4月	フューチャーベンチャーキャピタル㈱
北海道	ホワイトスノー・第二号投資事業有限責任組合	2002年5月	北海道ベンチャーキャピタル㈱
大分県	大分ＶＣプラムファンド投資事業有限責任組合	2002年5月	大分ベンチャーキャピタル㈱
新潟県	にいがた産業創造ファンド壱号投資事業有限責任組合	2003年1月	日本ベンチャーキャピタル㈱
千葉県	ちばベンチャー投資事業有限責任組合	2003年3月	ちばぎんキャピタル㈱
宮城県	あおばサクセス壱号投資事業有限責任組合	2003年3月	日本アジア投資㈱
三重県	みえ新産業創造投資事業有限責任組合	2004年1月	フューチャーベンチャーキャピタル㈱
仙台市	東北インキュベーション投資事業有限責任組合	2004年3月	東北イノベーションキャピタル㈱
山口県	やまぐちドリームファンド投資事業有限責任組合	2004年6月	山口キャピタル㈱

資料：各社ホームページ、新聞記事等より作成。

4　地域におけるベンチャーファイナンスの課題と今後の対応

こうした地域ベンチャーファンドをはじめとした地域におけるベンチャーファイナンスがベンチャー企業育成のために実効性を持つためには、以下の対応が必要であると考えられる(8)。

ファンドのコンセプトの確定とシースの確保

ファンドが経済的に成り立つためには、リスクとリターンが見合う必要がある。ファンドは有望なシーズ段階のものに投資していくハイリスク・ハイリターンのようなケースか、上場が近い段階で比較的利益が見込めるようなローリスク・ローリターンのどちらかのパターンが普通である。地域ベンチャーファンドの場合、この大原則が十分に認識されないままにスタートしてしまうケースが多く見受けられる。地域ベンチャーファンドのリターンは単なる金銭上の収益に限らず、地域におけるノウハウの蓄積や企業誘致、人材育成さらには雇用効果など幅広く考慮することも可能かもしれない。いずれにしても、ファンドのコンセプトを明確にしてスタートさせることが大切である。これを怠ると、後で投資実績が良くない場合の責任問題や損失の処理が決まらないという事態を招くことになる。

ファンドのコンセプトが決まってスタートを切る段階において、具体的なシーズ（投資先）をある程度確保できる見通しが必要である。アーリーステージからレーターステージまで幅広く案件を対象にするファンドも多いが、レーターステージは地銀系のベンチャーキャピタルが既に案件を確保しているケースが多く、こうしたファンドには適当な案件が回ってこないことが多いと言われている。さらに自治体が出資するファンドには、特にアーリーステージにある案件への投資が期待されることが多い。アーリーステージの案件を探すためには、その地域に有力な大学や研究所などが存在していることがポイントとなる。

自治体が実質上、出資するファンドの場合、投資対象を自治体の範囲に限定するケースが少なくない。さすがに各自治体もあまり厳密に地域限定をかけると案件の発掘がままならないことから、地域限定は幅広く定義しているところが多い。それでも各自治体内に投資対象を限定するのは狭すぎると思われる。ファンドの中にはスタートしたものの投資対象が見つからないものや、ファンド設立の話は急速に進んだものの、実際の案件が、ほとんど見つからないことから、ファンド設立をあきらめたケースもある。ファンド設立の際には総論だけでなく、片手ぐらいの数の具体的な案件があがらなければ設立は難しい。ファンドを作って投資先を探すのではなく、投資先があるからファンドを作るという順番である。

自治体による支援

地域ベンチャーファンドは地域におけるノウハウ蓄積や地域経済の活性化などの役割がある一方、地域限定や投資対象業種など、さまざまな縛りがあることから、ミドルリスク・ローリターンのような性格のファンドが組成される可能性が非常に高い。もちろんファンドのコンセプトとして地域経済効果なども加味して、ミドルリスク・ローリターンであることを容認する部分もあるかもしれない。しかしながら、ファンド運営が安易な方向に流れないためにも、できる限り経済的に成り立つ形のファンドに近

図10—5　地域ベンチャーファンドの位置づけ

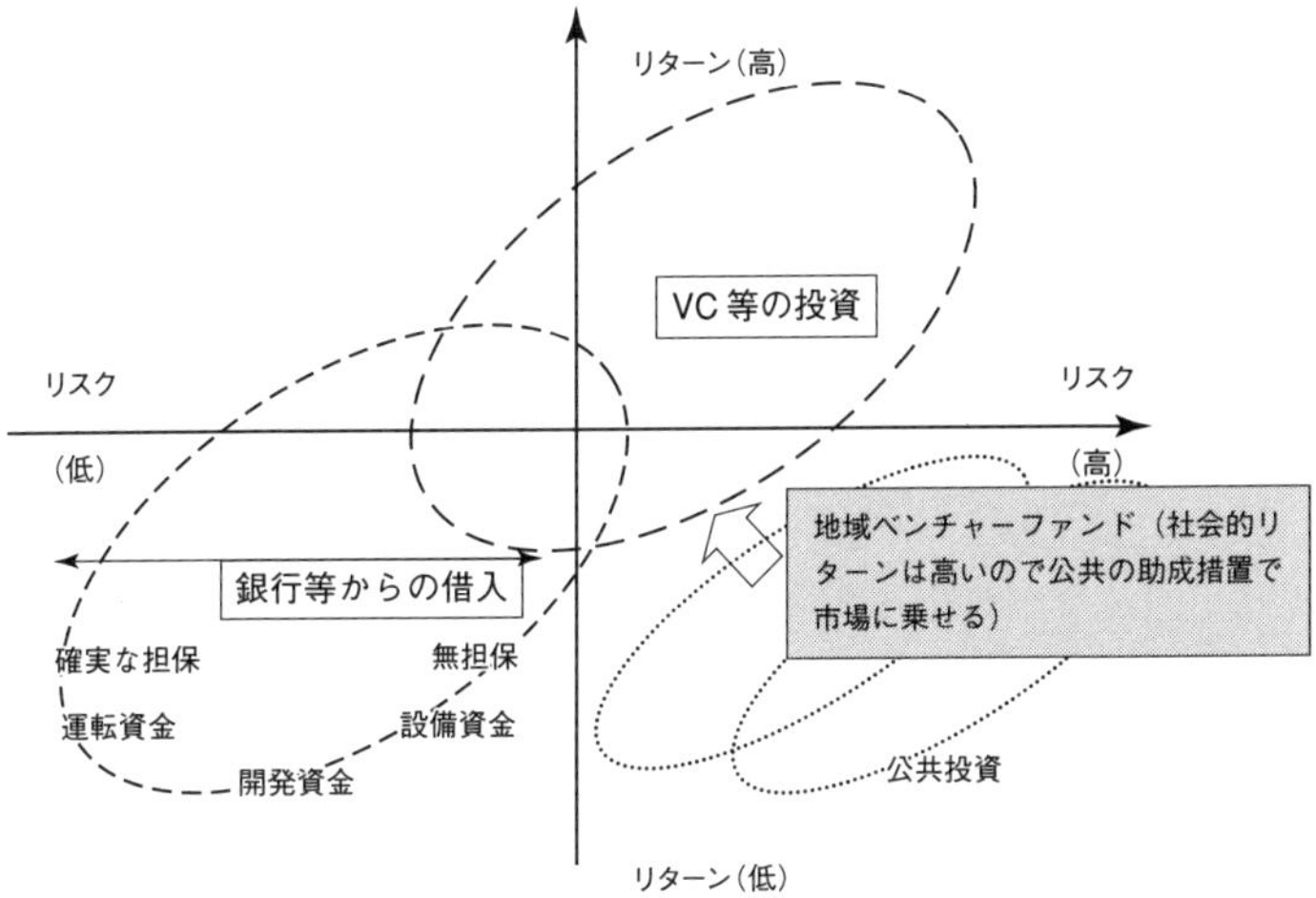

資料：『地域ベンチャーファンド設立の現状と課題』2003年より作成。

づけることが望ましい。そのために各自治体は、GPの管理費の一部補助や地銀などのネットワークを活用した案件の発掘支援、さらには、他の制度を併用することによって、投資案件の支援を行うことにより、ファンドを経済的にもフィージブルな範囲に引っ張りあげる必要がある。

これと並行して自治体は、①ベンチャー企業育成に対するマインドの醸成、②ビジネスプラン作成支援、③ビジネスプランの評価機関の設立、④他の出融資制度の整備、⑤インキュベータの充実など周辺環境を整備することによって、主体的・積極的に投資できる環境を作ることができる。さらに地域のブランド戦略も必要である。北海道ベンチャーキャピタルがファンドの設立・運営と並行して、その地域を「さっぽろバレー」と命名し、地域からの情報発信を行うことで、地域の強みを内外に伝達し、地域のブランドイメージを高めている。これによって、地域内に立地する企業の価値が高まり、地域外の企業や金融機関が関心を強めることで、地域へのさらなる人材や資金の流入に繋げている。

緊張感と柔軟な仕組み作りが重要

ベンチャー財団における投資成果があまりあがっていないのは、ベンチャー財団（自治体）などの運営上の責任が不明確なままスタートしていることも影響している。ファンドの成果はGPの頑張りにかかっており、自治体がどれだけGPを本気にさせられるかが重要である。自治体としては、GPの報酬に関しても成功報酬部分を多くするなどインセンティブを高め、かつモニタリングを適切に行うことが非常に重要となってくる。地方圏の場合、有力なベンチャーキャピタルが少ないことから、その地域にGPをつれてくることが困難なケースや、つれてこれたとしても立場が弱いため、どうしてもGPに有利な契約になってしまうケースが多かった。しかしながら、近時は、多くのベンチャーキャピタルが地方圏でのファンドのGPに手をあげるケースが増加しており、こうした動きは自治体にとってはプラス材料である。

すべての地域にアーリーステージのシーズでハイリスク・ハイリターンを狙う案件が十分に存在するわけではない。地域によっては、既存企業の新分野進出を支援するミドルリスク・ミドルリターンのスキームの方が相応しいかもしれない。既存企業の場合、支配権の関係で出資を好まないケースもある。こうした点を踏まえれば、キャピタルゲインのみを想定したファンドだけでなく、インカムゲイン（配当収入）を組みこんだものや、県の出資に地銀などのローンを組み合わせたファンドなども工夫の余地がある。シード段階やアーリーステージの案件の場合、融資での対応は難しいが、ミドルからレーターステージの案件の場合は、出資よりも融資によるモニタリング機能を活かした方が良いケースも考えられる。最初から出資ありきではなく、地域の目指す方向によって柔軟な仕組み作りが重要である。

(1) 石黒憲彦編『ベンチャー支援政策ガイド』日経BP社、二〇〇〇年。
(2) 野田健太郎『ベンチャー育成論入門』大学教育出版、二〇〇四年。
(3) 福岡県ホームページ。
(4) 伊東維年、田中利彦、鈴木茂、勝部伸夫、荒井勝彦『ベンチャー支援制度の研究』文眞堂、二〇〇二年。
(5) 中小企業総合事業団『ベンチャー企業に関する国内外の直接金融(投資)環境状況調査報告書』二〇〇三年。
(6) みずほ総合研究所『みずほリポート　ベンチャー企業に係わる諸制度の整備状況について』二〇〇二年。
(7) 財団法人ベンチャーエンタープライズセンター『ベンチャーキャピタル投資動向調査』二〇〇三年。
(8) 日本政策投資銀行四国支店『地域ベンチャーファンド設立の現状と課題』二〇〇三年。

終章　インキュベータとSOHOの未来

ここまで、日本の代表的なインキュベータ、SOHO支援施設の現状と直面する課題等を見てきた。それらのいずれにおいても、地域の大きな期待を帯びて設立され、試行錯誤を重ねながら多くの経験を重ねてきた。その蓄積は個々のインキュベータ、SOHOだけのものではなく、日本全国のこれからに「希望」と「勇気」を与えていくことになろう。

本書を締めくくるこの章では、インキュベータとSOHOの未来を語っていくことにしたい。

JANBOのアンケート調査結果

本書の執筆中に、日本新事業支援機関協議会（JANBO）から、『日本のビジネス・インキュベーションの現状と課題』（二〇〇四年一一月二日、第三回東北地域インキュベーション・マネージャー研究交流会資料(1)）という興味深い報告書が出た。この調査は「インキュベータの現状、インキュベーション・マネージャーをはじめとする起業支援担当者の実態と意識、入居企業あるいは卒業企業の実態と意識を調査することにより、ビジネス・インキュベーション事業全般についての成果と課題を把握し、今後の政策反映と事業発展に寄与するための基礎資料を得ることを目的とする」ものであった。

調査期間は二〇〇四年九月一三日から一〇月四日まで。調査対象は二〇〇三年の『ビジネス・インキュベーション総覧』に掲載の施設を基本に、二〇〇四年以降に開設されたビジネス・インキュベーション施設を追加するものであり、調査対象施設は五四八であった。この中にはいわゆるインキュベータに加え、SOHO支援施設も相当数含まれているものとみられる。回収は三五三票（六五・一%）であった。この回収結果から幾つかの興味深い点が読み取れる。

回収された三五三施設について、支援担当者がいるのか、入居企業に期限等を置いているのかなどにより、JANBOは一通りのビジネス・インキュベーション施設の機能を有しているか、限定的であるかを区分している。その詳細を提示する余裕はないが、JANBOの基準では一通りのビジネス・インキュベーション機能を備えている施設は一五四（四三・六%）としている。その他は「賃貸スペースを提供しているのみ」という場合が少なくない。

一五四施設について、現在の入居企業数は、二〇室以上の規模の大きなところが全体の一七%、五室未満のところが一五%となっている。五から一九室のところが全体の六八%と三分の二を占めている。また、入居率は五〇%未満の施設が一二%であるが、入居率七〇%以上の施設は七四%と四分の三を占めている。全体的には良好というべきではないかと思う。

インキュベーション・マネージャー（IM）の前職については、民間企業経験者が全体の七三%、公務員一三%、独立行政法人七%、公益法人五%などであった。雇用形態は嘱託三七%、正職員二七%、出向一三%などであった。年齢構成では、四〇歳代二八%、五〇歳代二四%、六〇歳以上二四%であった。また、勤務形態は常駐は五七%であった。

企業の入居理由は、「賃貸料がやすい」「対外的な信用力がつく」ことが指摘され、受けたい支援としては「公的支援制度」「受注先紹介」「販路開拓」「資金調達」「財務・経理」が上げられていた。

このように、JANBOのアンケート調査からは、全国のインキュベーション施設のうち、ほぼ半数は単なる「賃貸スペースの提供」にすぎず、支援的な機能を備えているところは四〇数%ということであった。また、IMというべき人々の経歴も多様であり、調査結果からは各施設でお目にかかった方々の様子が浮かび上がる。常駐する民間出身の四〇歳代の現役バリバリから、定年後のボランティアとして非常勤でゆったり構える先輩たちまで多様なマネージャーが拡がっているのである。さらに、入居企業の意識としては「賃貸料がやすい」「対外的な信用力がつく」が指摘される点は、マネージャーのあり方に問題を突きつけているようにも見える。特に、「受注先紹介」「販路開拓」「資金調達」などの期待が大きいことは、マネージャーに求められている課題を浮き彫りにするであろう。評論家ではダメなのであり、具体的なビジネスを持って来ることができるか、あるいは資金調達の目処をつけられるかなどが求められているのであろう。

発展途上の日本のインキュベータ

以上のように、日本のインキュベーション施設（SOHO支援施設も含む）は数的には五〇〇前後になってきたが、IMが常駐しているような施設は一五〇前後にしかすぎないのかもしれない。多くは安価な賃貸スペースの提供といったレベルにありそうである。また、IMが常駐しているからといって、それが効果的に働いているかは個々のケースの詳細な分析を必要とする。さらに、入居企業によっては、外の人間の支援を好む場合と好まない場合もある。このような点を一元的に把握することは難しい。

先の第一章のＫＳＰの場合などは、当初から株式上場まで視野に入れている入居企業が多く、徹底的な経営全般の支援、さらに資金的な支援も課題にされている。支援する側には、アメリカのベンチャー・キャピタリストほどの能力が求められ始めている。また、純粋なインキュベータというわけではないが、第八章の長崎県東京産業支援センターの場合では、入居者は営業拠点としての意味を深く自覚しており、それ以上の支援的な措置を必ずしも求めているようではなかった。このような点は、地域の置かれている状況、あるいは、入居者の属性などにより大きく異なるのかもしれない。

また、多くの施設では入居率はかなり高く、順番待ちをしている施設がないわけではない。これまでの政策的に用意されたインキュベーション施設は、それなりの存在感を示し始めていると評価して良いのではないかと思う。

ただ一ついえることとは、日本にインキュベーション施設が登場して二〇年にもなるが、まだ、それほど深い経験を重ねているわけではないということである。インキュベータやＳＯＨＯが一般的になってきたのは、この五～六年のことではないか。まして、ＩＭとなると、経験の深い方でも七～八年ほどにしかすぎない。大半の方はわずか二～三年なのである。先のＪＡＮＢＯの調査によると、三年未満の方が八三％にものぼる。逆に、五年以上の方はわずか四％にしかすぎない。日本のインキュベータは、現在、まだ発展途上というべきかもしれない。むしろ、今後に期待すべきと言うべきであろう。

事態がこうしたところにあるならば、日本のインキュベータはまだ試行錯誤の段階と割り切り、それに見合った対応を重ねていくことが望ましい。その経験の乏しい場合の対応の基本とは何か。それは徹底的に関与するか、何も関与しないで遠巻きに見ているかであろう。その中間的な関与の仕方は好ましくない。誰にも確とした経験はない場合、中途半端な関与は事態を悪い方向に導きかねない。徹底的に関与し、共に学習していくか、あるいは、遠巻きにみて冷静にやるべきことを見定めるかのいずれかであろう。本書の事例の多くは前者をとっているように見える。徹底的にコミットし、入居者とマネージャーが共に学習を重ねている。置かれている環境により対応は異なるべきだが、私個人の好みとしては、経験の乏しい時には徹底的に関与し、学習していくことが望ましいと考える。

「何かが起こりそう」な雰囲気

二〇〇三年一〇月三一日、私の私塾（たかおか地域活性化研究会）のメンバー一〇人ほどを率いて岩手県花巻市の起業化支援センターを訪れた。私は中小企業の若手経営者、後継者を対象にした私塾を各地で開催している。(2) 時には時代の先端というべき場所に連れて行くが、花巻起業化支援センターは私の定番の一つである。センターに到着し、しばらくＩＭの佐藤利雄氏に現場を案内してもらっていたのだが、一時間ほどすると、富山県高岡の塾生であり、五〇人ほどの従業員を抱えるソフト開発企業の若い女性経営者の藤重嘉余子さんが「先生、私、ここに研究開発部門を持ちます」と告げにきた。

富山県高岡と岩手県花巻とでは極めて遠い。どうやって来るかをしばし考えざるをえない。富山空港から伊丹空港に飛び、それから花巻空港という流れか、あるいは、富山空港から羽田空港、そして、東京から新幹線で新花巻か、ということになろう。藤重さんの判断の速さは以前から感じていたのだが、「なんでまた」という気がして、「どうしてなの」と理由を尋ね、彼女の言葉にしごく納得させられた。

彼女は「私は産学官連携により新しい事業に踏み出したいとかねがね思っており、富山で幾つかの取り組みを重ねてきましたが、どうにもなりませんでした。そのため、産学官連携などは絵空言かと思っていました。ところが、ここに来てみると『何かが起こりそうだ』と直感したのです」と答えてきたのであった。翌週には、藤重さんは幹部二人を連れて、クルマで高岡から花巻を訪れている。「八時間でした」と語っていた。クルマによる距離感の確認と幹部の説得のために、現地を早速訪れたのであった。その後、入居申請を行い、二〇〇四年春には入居決定。六月には操業開始までこぎつけたのであった。

彼女の姿を見続けていると、「ここだと何かが起こる」と思わせるほどのものがインキュベーション施設やSOHO支援施設には不可欠ではないかと思わされる。「それは何なのか」と問われると、答えに窮するが、それは、おそらく、その施設に埋め込まれた関連する人々の「思い」の深さということになるのかもしれない。要は、地元の人々の「思い」が込められていないならば、施設としてのインキュベータは「いのち」を獲得することができないということであろう。

花巻起業化支援センターに入居して一年、久しぶりに藤重さんに「花巻はどう」と尋ねると、彼女は「こっちにいると楽しい。会う人、会う人、みんな佐藤利雄さんみたいに明るいのよ」と答えてくれたのであった。「何かが起こりそうだ」「ここにいると楽しい」。そのドキドキする雰囲気をどのように作っていくのか、それがインキュベータやSOHO支援施設に求められる最大の課題ではないかと思う。日本中のインキュベータ、SOHO支援施設が、そのようなものに進化していくならば、日本の地域産業は新たな色合いを示し、未来は限りなく輝かしいものになっていくのであろう。インキュベータ、SOHOにはそれほどの可能性が潜んでいるのである。

（1）日本新事業支援機関協議会・事務局長代理梶川義実『日本のビジネス・インキュベーションの現状と課題』二〇〇四年一二月二日。
（2）私塾については、関満博『現場主義の人材育成法』ちくま新書、二〇〇五年、を参照されたい。

執筆者紹介

関《せき》　満博《みつひろ》　（序章、第 8 章、終章）

関《せき》　幸子《さちこ》　（第 7 章）

志茂《しも》　武《たけし》　（第 1 章）

1943 年　生まれ
1966 年　早稲田大学第一政治経済学部卒業
現　在　㈱ケイエスピー取締役、横浜国立大学客員教授

足利《あしかが》 亮《りょう》 太郎《たろう》　（第 2 章）

1970 年　生まれ
1998 年　京都大学大学院文学研究科修士課程修了
現　在　甲陽学院高等学校教諭

中山《なかやま》　誠《まこと》　（第 3 章）

1966 年　生まれ
1989 年　東京都立大学法学部法律学科卒業
現　在　墨田区地域振興部文化振興課長

鈴木眞人《すずきまさと》　（第 4 章）

1961 年　生まれ
2004 年　専修大学大学院経済学研究科修士課程修了
現　在　日本政策投資銀行松江事務所次長

長崎利幸《ながさきとしゆき》　（第 5 章）

1962 年　生まれ
2003 年　一橋大学大学大学院商学研究科修士課程修了
現　在　アーバンクラフト代表

大野正晴《おおのまさはる》　（第 6 章）

1964 年　生まれ
1986 年　京都コンピュータ学院卒業
現　在　オフィスクリエーション代表

佐藤利雄《さとうとしお》　（第 9 章）

1956 年　生まれ
1999 年　産能大学通信教育学部経営情報学部卒業
現　在　花巻市起業化支援センター統括コーディネーター

野田健太郎《のだけんたろう》　（第 10 章）

1962 年　生まれ
1986 年　慶應義塾大学法学部卒業
現　在　日本政策投資銀行政策企画部課長

編者

関《せき》　満博《みつひろ》

1948年　生まれ
1976年　成城大学大学院経済学研究科博士課程修了
現　在　一橋大学大学院商学研究科教授
著　書　『現地化する中国進出日本企業』（新評論、2003年）
『台湾IT産業の中国長江デルタ集積』（新評論、2005年）他

関《せき》　幸子《さちこ》

1956年　生まれ
1980年　法政大学法学部政治学科卒業
現　在　㈱まちづくり三鷹事業部シニアマネージャー
著　書　『21世紀の地域産業振興戦略』（共著、新評論、2000年）他

インキュベータとSOHO
地域と市民の新しい事業創造　（検印廃止）

2005年6月20日　初版第1刷発行

編　者　関　満博
　　　　関　幸子

発行者　武市一幸

発行所　株式会社　新評論

〒169-0051　東京都新宿区西早稲田3-16-28
http://www.shinhyoron.co.jp
電話　03（3202）7391
FAX　03（3202）5832
振替　00160-1-113487

落丁・乱丁本はお取り替えします
定価はカバーに表示してあります

印刷　新栄堂
製本　河上製本

ISBN 4-7948-0668-X　C3033
Printed in Japan